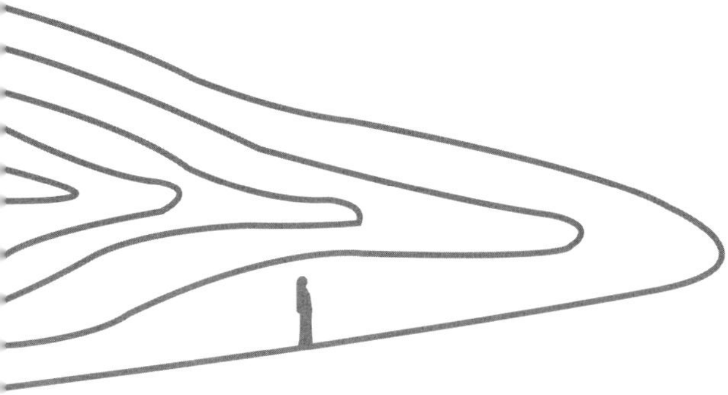

造就美好的自己

濟群法師　著

目錄

2

傳統文化與現代教育 67

3

當公共衛生遇到佛法 99

4 佛教與「一帶一路」 161

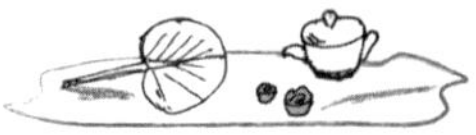

推薦序

快節奏的都市生活，碎片化的閱讀，使人能夠靜下心來的時間越來越少。

如果生活讓我們漂流在表面，讀這本書便能幫助我們向下深潛：它會帶我們思考生命永恆的困惑，重新認識當代社會發展中存在的問題，重新認識人生的意義。

一般來說，有思想的書讀起來並不輕鬆，但在法師這裡卻不然。詩歌般的文字，絕美的意境，三言兩語，直抵本質，並能讓人陶醉其中。

比如書中〈覺醒的藝術〉，是把生命當作藝術品來打造，幫助我們成爲更好的自己。

什麼才是更好的自己？是相貌美一點，心情好一點，知識多一點，還是地位高一點，財務自由一點？每個人都有自己的標準。從佛法角度來說，是生命品質的提升。這就要有人生的大智慧，才能看清「我是誰」，瞭解人爲什麼活著，生命的意義在哪裡。否則，我們只能在迷惘中憑感覺摸索。

你的生命是普通產品，還是精心打造的藝術品？你關心過自己生命的創作嗎？以覺醒為目標，把生命做為創作的載體，透過努力，每個人都能造就美好的自己。

法師在哲學、科學、藝術和社會學的多重維度縱橫馳騁，與各界巨擘對話，但自始至終，他的文字都有著一種少見的鬆弛感，風行水上，自然成文。

開篇即是與嶽麓書院院長朱漢民的對話，這是一場儒佛的對話，主題是「如何立心立命」，內容來自「橫渠四句」，即張載（世稱橫渠先生）的「為天地立心，為生民立命，為往聖繼絕學，為萬世開太平」。

這些思想在今天格外重要。由於時代飛速變遷，尤其是人工智慧出現後，帶來很多顛覆性的改變，人做為萬物之靈的優越感正受到前所未有的挑戰。在這樣的大背景下，如果不重視立心，找不到立命之本，我們將何以自處？

儒家講立心立命，造就理想人格，成賢成聖；佛教講明心見性，成就佛菩薩品質，都是探討如何做人和人生價值的問題。正是我們這個時代需要思考的。

那麼，透過什麼路徑來實現這些目標？法師在書中會一一指出。本書精彩紛呈，爲讀者帶來的高峰體驗比比皆是。比如和朱清時院士的對話：「教育的根本應該是做人，是引導大眾成爲有智慧、有道德的人。」

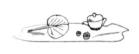

中國傳統儒釋道的教育屬於生命教育，是從觀念、心態的改變，達到生命品質的改變。這就必須正確認識生命，知道當下的現狀是什麼，所要達到的目標是什麼。方向明確後，接著怎麼做。儒家講修身、齊家、治國、平天下，佛教講心淨國土淨，同樣都揭示了修身、做人，是建設理想社會不可缺少的基礎。

一冊在手，就像有了一片屬於自己的瓦爾登湖，書裡自有湖光山色映照心靈世界。

法師智悲雙運，將眞理推動在人間，數十年來，精勤說法，無有疲厭。無論是嚴謹的知識分子，還是普通的讀者，或者深山裡的修行人，都難以抗拒這種抽絲剝繭、索隱探幽的快感。因爲修心不只是在叢林、道場，也是在人與人之間，人與事之間，更是在自己起心動念間，人間無處不道場。

深度的文字、啓人深思的內容，如驚蟄春雷帶來大地的復甦，冰雪消融，溪流淙淙，枯草冒出新芽，繁花次第綻放……心靈的春天，宛若百花深處。

讀法師的書，總有一種力透紙背的感受，除了思想的表達，更是在以生命呼喚生命，以生命喚醒生命。字裡行間無盡的慈悲，令人想起遠古時期「喊山」習俗，春來了，草木還在酣睡，萬物復甦之際，只待春雷驚蟄，農人們會提前擺齊鑼鼓，喊聲四起，驚天動地，「快發芽！快發芽……」一聲聲，一槌槌，震碎了霧花，清涼涼地灑落在被吵醒的芽頭上。

造就美好的自己，才能讓幸福長久延續，同時也能更好地造福社會。

二〇二二年八月

靜仁（文字工作者）

1

如何立心立命

—— 與嶽麓書院國學研究院朱漢民院長對話

二〇一八年夏，濟群法師應湖南踐行國學公益基金會的邀請，在長沙國學公益大講堂舉辦講座。長沙是儒家四大書院之一嶽麓書院的所在地，自古以來人文薈萃，名家輩出，所謂「唯楚有才，于斯爲盛」。活動期間，主辦方安排了「如何立心立命」的儒佛對話，邀請儒家大家嶽麓書院國學研究院朱漢民院長與佛門高僧濟群法師對話，活動由顏愛民教授主持。

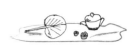

立心立命的內涵

顏愛民教授（以下簡稱顏）：今天儒佛對話的主題是「如何立心立命」，內容來自「橫渠四句」，即張載（世稱橫渠先生）的「爲天地立心，爲生民立命，爲往聖繼絕學，爲萬世開太平」。這四句話也是我們國學基金會的宗旨。那麼它到底表達什麼？我們先從儒開始，請嶽麓書院國學院院長、國際儒聯副理事長、儒學大家朱漢民院長談一談。

朱漢民院長（以下簡稱朱）：這場聚會的緣起，是濟群法師來到長沙，很多朋友希望聽他講學，以解除自己的迷惑，包括立心立命這樣的重要問題。我雖然是研究中國思想史的，但主要研究方向是儒學，對佛學涉獵較少。所以也和大家一樣，想藉此機會向法師學習。

立心和立命，出自宋代大儒張橫渠著名的四句教。從政界、學界、商界到宗教界的很多人，都以此做爲自己做人、做事、立言的宗旨，這也是我們踐行國學公益基金會的宗旨。那麼，立心和立命是什麼意思？

所謂立心，其實是「爲天地立心」。但是，天地之心究竟是「有心」，還是「無心」？早在《周易》的復卦中，就有「見天地之心」，認爲宇宙天地間有個心，「天地之心」是決定天地世界的主宰力量，所以《周易》又提出「天地之大德曰生」。

到了宋儒朱熹，他一方面認爲「天地本無心」，一方面又肯定「天地以生物爲心」。所以，儘管儒家總體上是無神論，不認爲天地中有一個人格神，這點和佛學接近，但是儒家還特別強調人在天地之間的位置，所謂「人者，天地之心」。

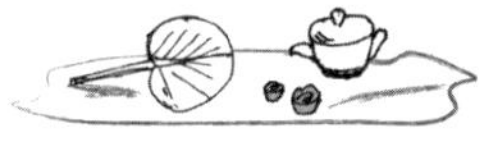

按照宋儒的看法，「心者，人之神明」，故而人可以「爲天地立心」。人心透過體認天理、根據天理做事，就實現了天地之心。可見，人不是被動的，人在宇宙中發揮仁者之心的能動作用，就是「爲天地立心」。

立心和立命相通，對應於天道、天理。以天道、天理的主宰性或目的性而言，可以稱之爲「天地之心」；以天道、天理的必然性而言，又可以稱之爲「天命」。人之心透過體認天地之理，按天地之理去做事，這既是爲天地立心，又是爲生民立命。儒家相信人的主觀能動性可以立心和立命，即達到儒家所說的最高精神境界——天人合一。總之，立心和立命表達了儒家關於終極問題的哲學思考和思想信仰。

顏：站在方外看滾滾紅塵中的立心立命，是什麼感覺？有請濟群法師爲我們開示。法師是非常謙和的大德，童眞入道，在深入經藏和修證方面的造詣都很深。

濟群法師（以下簡稱濟）：我也很期待今天的交流，和朱院長、顏教授一起討論立心立命的話題，可以讓我對儒學有更多瞭解。說到張載的四句話，不知大家是什麼感覺，反正我在念的時候充滿力量，就像學佛人所發的四弘誓願——「眾生無邊誓願度，煩惱無盡誓願斷，法門無量誓願學，佛道無上誓願成。」發起這樣的宏願，會讓生命得以提升。

立心和立命的內涵，朱院長做了解釋。我覺得在探討這個話題時，要立足於儒家的使命感和價值觀來思考。儒家有三不朽的人生，爲立德、立功、立言。其中包含兩個面向，立德是從個人修養而言，要成爲有德君子，最終成聖成賢；立功和立言是從社會責任來說，能造福社會，利益大眾。這和佛教的自利利他有相通之處。

學佛的最高目標是成就佛菩薩品質，也有兩個面向：一是於自身圓滿悲智二德，爲自利；一是以悲心廣泛利益眾生，爲利他。可見，儒家和佛教都宣導從自利到利他，由成就高尚人格來建設理想社會，立足點是由內而外，不同於西方文化是透過改造外在世界來追求幸福。這也是儒釋道能相互融匯的思想基礎。

當然，二者對人格和社會的具體定義會有差異。儒家的高尚人格是君子、聖賢，

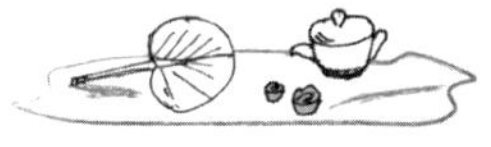

理想社會是大同世界，人人都能老有所安；佛教的高尚人格是佛菩薩品質，理想社會是淨土，包括西方淨土、十方淨土，乃至人間淨土。如何成就這樣的理想？《大學》說：「自天子以至於庶人，壹是皆以修身爲本。」修身不僅是完善自身的需要，也是齊家、治國、平天下的基礎。而修身的前提，是正心、誠意。可見，心才是關鍵所在。

我們探討立心和立命，也是從心入手，由修身養性而能安身立命。這就必須瞭解，我們要立的是什麼心，斷除的是什麼心？正如朱院長所說，並非所有的心都是天地之心，此外還有種種不良心行。相關內容，儒家有很多論述。而佛法自古被稱爲心性之學，所有教義和實踐都是圍繞心性展開，由認識心性、調整心行，最終明心見性，證悟心的本質。

這些思想在今天格外重要。時代飛速變遷，尤其是人工智慧出現後，帶來很多顛覆性的改變，人做爲萬物之靈的優越感正受到前所未有的挑戰。在這樣的大背景下，如果不重視立心，找不到立命之本，我們將何以自處？

立心立命的路徑

顏：儒學大家和佛教大德都講到立心立命的基本點，我把它通俗化一下。儒家講的立心立命，又叫作理想人格，成賢成聖，關鍵是人生價值的問題。佛教修行的目標，是成就阿羅漢、菩薩和佛陀的品質，在一定意義上，也可以說是立心立命。透過什麼路徑來實現這些目標？《孟子》說：「居惡在，仁是也；路惡在，義是也。居仁由義，大人之事備矣。」講到仁比較抽象，他就落在義上。關於立心立命和成聖成賢，在座各位可能覺得很崇高遠大，不太有把握。那麼，儒家有沒有實施樣本和先後次第？佛教又是怎麼做的？是不是天天念佛就可以達到目標？

朱：誰來立心立命？早期儒家有一批被稱爲君子的人在推動此事。孔子在《論語》中反覆強調的，就是要成爲什麼人，以如何成就自己做爲思考的關鍵。

「世界哲學大會」今年在北京召開，有來自全世界的幾千名哲學家、學者參加，主題是「學以成人」。有人說，「學以成人」看起來像是教育學或儒家式的命題，怎麼能成爲世界哲學大會的主題？事實上，這是人類目前的最大問題。

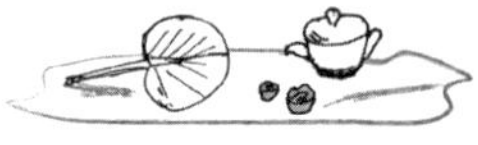

我們來到這個世界，被父母生下時，已具有人的形體，但成爲眞正的人，還要經過不斷學習，儒學的重點就是告訴我們怎麼做人。當今世界面臨的很多困境，從社會秩序的混亂，到社群、民族、國家、宗教等方面的種種衝突，其實都和人有關。如果大家能夠成人，合乎人應該具備的仁，這些矛盾就不會出現。

那麼，「學以成人」是要成爲什麼樣的人？孔子告訴我們的是成爲君子。雖然孔子也讚揚聖賢，但沒提出那麼高的要求。因爲成爲堯舜禹那樣「博施於民而能濟眾」的聖賢很難，除了修德之外，還必須有很大的能力。普通人只要能修身，具備智、仁、勇，在智慧、德行、意志、能力及綜合文化素質等方面健康發展，就能成爲君子，能與家庭、社會、國家、天下和諧相處。否則就會成爲小人，只會爲滿足個人的利益和欲望不擇手段，無法與他人和諧共存，其家庭、社會、國家、天下的秩序就會大亂。

所以君子之學要從心開始，具備良好的道德素質，能堅持「仁以爲己任」，處處爲他人考慮。按照孟子的說法，「仁義禮智根於心」。我們能按仁義禮智的規範去做，社會自然和諧。仁義禮智從哪裡來？不是外在神靈要我們這麼做，也不是君王要我們這麼做，而是我們自己內心的要求。我們根據自己內在的本心、本性去做人，既是為自我完善立心，也是「為天地立心」。

一個人如何才能「立心」？《大學》的格物、致知、正心、誠意，《論語》的操存、涵養，《孟子》的盡心、存性、體察、擴充，《中庸》的學、問、思、辨、行以及尊德性、道問學、極高明、道中庸等，這些修身功夫是先聖先賢在修身實踐中的個人體悟、經驗總結的紀錄，在今天仍然可以成為我們立心立命的方法與途徑。

早期儒學主要關注現世世界的事物，很少考慮超越世界或死後的事情。但人生幾十年很短暫，如何才能確定立德、立功、立言的不朽與永恆呢？在這些問題上，佛教思想對儒學構成了很大的挑戰。所以儒學到宋代後，進一步強調超越的世界，強調立德、立功、立言的不朽與永恆，故而提出了「為天地立心」。從這個意義說，儒家立的仁義禮智，不僅能建立當前的和諧世界，也和天地之理相通。

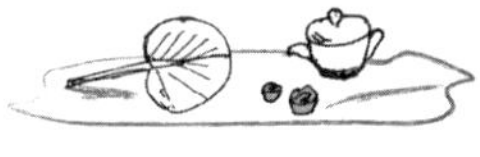

而天地之理是永恆的，我們是根據永恆的宇宙法則做事，而不僅僅是人性和社會的法則。基於此，儒家就提出要做聖賢，既是心憂天下、關懷社會的入世者，也能達到天地的境界。

這樣，追求立德、立功、立言的人，會因爲其具有不朽與永恆的意義，使自己的內心非常快樂與平和。周敦頤告誡受學於他的二程：要知道「尋孔顏樂處」。孔子和顏回面臨事業、人生的挑戰，身處困境之中，但他們爲什麼還很快樂？因爲他們相信，自己追求的道德、事業、學術是與天道、天理相通的。這樣一種信仰，正體現出立心和立命的巨大精神力量。早期儒家號召士人做君子，到了宋以後，儒家都說要做聖賢，如王陽明說滿街都是聖人。佛教說人人皆有佛性，人人皆可成佛，人只是沒有覺悟的佛，儒家也進一步說人人皆可成聖。

顏：朱院長講得非常精彩，我是專門出難題的，出兩個問題放在這裡。第一，我是學理工科的，感覺儒家講的人生成就主要在一維空間，對於過去、未來的維度未必能解釋圓滿。比如有人問：顏回成聖賢，爲什麼那麼窮？讓人很困惑不解。

第二，儒家所說的立功、立德、立言，和立心、立命是什麼關係？比如從立功來說，岳飛對宋朝立功，對金國來說未必是功；《三國演義》中有孔明七擒孟獲，而在雲南孟獲那邊流傳的是七擒孔明。再如曾國藩，對清朝功勞很大，扶社稷，把江山救了下來，但從另一個角度，這是鎮壓農民起義的劊子手。可見功過是相對的，又該怎麼看待？我們先按對話的流程，請佛學高僧爲我們講解，到底怎麼立心立命。

濟：朱院長談到世界哲學大會「學以成人」的主題，我覺得很有意義，確實是時代的需要。儒家和佛法都是關於做人的學問，爲什麼要學做人？因爲我們並非生來就是合格的人。立心，是透過對心性和道德的學習，引導我們認識心性，遵循道德，造就君子、聖賢以及佛菩薩那樣的品質，那才是成人的最高標準。

從某種意義上說，生命也是一個產品。造就產品的材料，是我們身、語、意的行爲。身體和語言的行爲顯而易見，那什麼是思想行爲？就是我們的起心動念。我們可能覺得，只要沒做什麼，自己想想還會有問題嗎？事實上，所有思維都會形

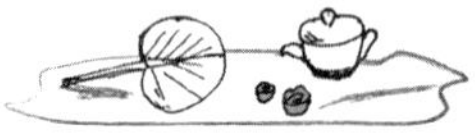

成相應的心理力量，保存在阿賴耶識中。它就像一個超大容量的硬碟，其中有我們生生世世的生命資訊。

在座每個人都不一樣，爲什麼？因爲出身不同，生活環境、所受教育、人生經歷不同，這些積累造就了我們的思維和言行模式，造就了當下的存在。如果繼續往前追溯，還因爲阿賴耶識的積累不同。由過去的行爲決定我們的現在，再由現在的行爲決定未來發展。所以說，學以成人不僅關係到今生，還關係到無盡的未來。

儒家是以君子做爲生命產品的標準。怎麼成爲君子？必須遵循仁義禮智信、溫良恭儉讓。這些品行都要透過學習才能成就，但不是知識式的學習，而是改造生命的學習——我希望造就這些品質，所以要不斷踐行，才能從行爲形成習慣，從習慣形成性格，從性格形成人格，從人格形成生命品質。

人性有兩個面向。孟子說「人皆可以爲堯舜」，也說「人之所以異於禽獸者，幾希」，說明每個人都有聖賢潛質，但也有動物性。佛教同樣認爲人有佛性，也有魔性和眾生性。發展什麼，就會成爲什麼。每個人過去生的積累不同，來到世界的起點各異，所以我們想成爲聖賢乃至佛菩薩，要下的功夫也不同。有些人善根深厚，現在一學就很相應；也有人障深慧淺，學起來剛強難調，格外困難。不論難易，都要從立心開始。這就必須瞭解心由什麼構成，自己有什麼家底，其中哪些是需要發展的正向力量，哪些是必須克服的負面力量。每種心行都有它的對立面，仁義禮智信、溫良恭儉讓的反面，是不仁、不義乃至不讓。只有充分認識心的兩面性，才能有效地斷惡修善。否則，人性中往往負面力量更大，就會占據主導，讓生命走向墮落。法律就是爲了制約人的劣根性，但這只是爲人處世的底線，想要學以成人，必須在此基礎上建立正向追求。

學以成人的不同境界

濟：佛教中，將人格追求分爲三個層次。下等追求是遵循五戒十善，做到不殺、不盜、不邪淫、不妄語、不兩舌、不惡口、不綺語、不貪、不瞋、不邪見，成爲有

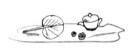

道德的世間好人，類似君子。

中等追求是成爲阿羅漢那樣的出世聖者，不僅有高尚人格，還能徹底斷除惡業，息滅貪瞋癡。尤其是癡，這是無始無明，輪迴之根。由此才能開啓智慧，成就解脫，對生命不再有任何迷惑，也不再被動地隨生死流轉。

上等追求是成就佛菩薩品質，既要完善自己，還要造福社會。從佛教來說，這種完善不僅是道德上的，關鍵是斷除無明，進而幫助芸芸衆生斷除無明，成就菩提。佛菩薩的人格有兩大內涵，一是通達生命眞相，成就大智慧；一是幫助所有衆生，成就大慈悲，不管對人還是動物，都能平等相待。

這是佛教關於「學以成人」的三個層次，每個人可以根據自己的發心建立目標，付諸實踐。

朱：我剛才認眞聽了法師的話，非常高興，特別是他從佛學角度，對「學以成人」這個儒家命題做了很好的詮釋，提出佛教關於成人的三個境界。我曾在國學基金會講過士大夫精神，早期的士大夫稱爲君子，內在德行必須達到很高的境界；到宋代稱爲聖賢，不僅要有現實的德行和仁義之心，還要有天理、天道的超越，人心能和天相通。而最高的精神人格是把內聖和外王、聖賢、豪傑統一起來，就是將成就自我的道德人格與造福人類社會結合起來。也就是說，最高的理想人格一定要將內在德性修養與外在的治國平天下結合起來。

顏老師剛才的問題非常好。儒學和佛學本來各有重點，儒學的種種知識與道德追求，最後一定落實在治世，即齊家、治國、平天下。莊子曾談到孔子「六合之外，聖人存而不論」，認爲孔子所說的那些，主要關注的是君臣、父子、兄弟、朋友等家族與國家的具體事務，這些是屬於有限世界的，從宗教角度來看，是俗世之事，不具有神聖、永恆的意義。而佛學透過治心，追求神聖、永恆的意義世界，不同於現實的世俗世界。

當有人問到死後之事時，孔子的回答是「未知生，焉知死」。儒家認爲，如果處理不好活著的事，爲什麼要去關注死後的事情呢？換句話說，他認爲現實世間才是值得關心的，儒家最重要的使命，就是解決現實中物質生活、社會生活、精神生活的問題。因爲他處在春秋時期，諸侯爭霸，國與國之間連年打仗，時局動盪。他感到非常難過，希望藉由恢復周禮而建立一個穩定的秩序。但當時的人都不按禮去做，導致社會秩序破壞，君不君、臣不臣、父不父、子不子。在這種情況下，他提出一套仁學理論，希望以仁義道德來補充禮。他號召士人成爲「以仁爲己任」的君子，以仁義精神、忠恕之道來重建社會秩序、救贖墮落的世界。

但我認爲，孔子內心還是希望有一個最高主宰，就是說，他追求的仁義精神、忠恕之道還是具有神聖、永恆的意義。他曾經說過，「下學而上達，知我者其天乎」。也就是說，我們學以成人，首先是屬於家庭、社會、國家等世俗的有限世界，怎麼做人屬於日用常行的下學，但透過這樣的下學而可以上達於天，認爲現實道德有超越的源頭，人道來自於天道。儒家士大夫普遍相信自己的內在心性和天道相通。換句話說，人追求的仁義禮智信、恭寬信敏惠，雖是處理人與人之間的關係，但最後一定是天道的體現。孟子提出「盡心、知性、知天」，相信一切人均有的惻隱之心，其實是人生而有之的本性，所以盡心就能知性、知天。

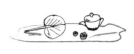

宋代理學大興，進一步以哲學體系解決了儒學人道與天道的結合問題。湖南道縣周敦頤的《太極圖說》提出一套儒家的宇宙論思想，他以無極而太極、太極動靜、陰陽五行、萬物化生等主張，確立「聖人定之以中正仁義而主靜，立人極焉」。儒家透過主靜的心性修煉，遵循中正仁義的人文準則，就不僅僅是人道，還是天道，是至高無上的太極。這樣的話，就把心和天打通了。朱熹進一步完善了儒家的宇宙理論，說天地世界本來只有兩個東西，一是理，一是氣，所有人和物都由理和氣構成。人性就是我們稟賦的天理，顏老師的理，我身上的理，都是同一個理，都來自於天理。所以，我們的心性就是仁義禮智信，它們具有永恆性和普遍性。我們服從本心的道德，就是順應天理。

剛才法師說到宏願，儒家到宋明之後，不僅對人間發宏願，而且對天地發宏願，所以推出「爲天地立心」。這樣就把儒家思想拓展了，從有限的時段拓展到無限，使家國的道德價值具有永恆的意義，貫穿於無窮無盡的天地之間。這樣，內在的心和外在的天就打通了。

從因果認識天道天理

顏：兩位老師是眞正的大家，我不是專業領域的，但現在研究人力資源，不得不研究這些，所以要學習，而且我是實用主義者，要爲我所用。我談一下學習心得，先體會朱院長說的。孔子做爲早期儒教的代表，主要解決成人的問題，是基於當時混亂的社會背景，父子相殘，兄弟相爭，率獸食人，禮崩樂壞。當務之急是建立一套社會規則，就像法師說的，先把人天乘做好，否則按佛教的觀點，就會墮落畜生道，甚至餓鬼道、地獄道。我查了佛家的時空觀，地獄生存環境惡劣，而且一天合人間二千七百年，壽命長達千百億歲，就是人間的萬歲萬萬歲。孔子慈悲大眾，先讓大家成人，別落下去，以後再到更高水準。到宋明理學，儒家和佛學開始融通。「爲天地立心」不是狹隘的空間概念，已經超越；「爲萬世開太平」也不是當下的時間概念，而要對未來產生影響。

關於法師講的，我的理解是，生命是無限的延續，我們的行爲、語言和思想會不斷積累。就像河流越流越長，越流越多，其中有清澈的水，也有各種雜質和污穢，由此呈現爲不同的生命存在。用數學語言來理解，我們是過去函數的積累，是積分的過程。所以生命千差萬別，有些人睿智，有些人愚鈍；有些人漂亮，有些人醜陋；有些人仁慈，有些人殘暴。多年前，我曾到長沙女子監獄爲重刑犯講課，其中有個很年輕的女孩，我問她怎麼進來的，她很不經意地說，「哢嚓」就進來了。監管人告訴我，她去偷東西被人發現，就把一家五口殺了。有些人殺隻雞都不敢下手，但她把殺人說得很隨意，沒覺得有什麼罪惡。可見，人確實存在著差異。

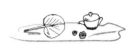

我大學學的是冶金工程，覺得佛教說的修煉和冶煉過程相似。礦藏中混有黃金和雜質，冶煉就是去除雜質，把其中的黃金提煉出來，達到一定純度。修煉的煉字用火字旁，可能是這個原因。人有自然人、社會人之分，我們被生下來，只是生物學意義上的人，但做爲社會人是有標準的。

仁義禮智信、溫良恭儉讓是儒家關於君子的標準。這個標準的制定依據是什麼？我的理解是，如果大家遵守這些規則，社會就能和諧發展。如果覺得沒人發現，就把別人幹掉，把財產搶走，社會就無法正常運轉了。所以君子的目標是成爲正常人，但高不到哪裡，允許有正常的享樂，付出後得到正常的回報。再往上是去除生命中的一切雜質，超出六道，修成正果。這是煉的過程。

我講了這麼多體會，還是要提問題。請問法師，大家都覺得人道好，尤其是在座的，很多人物質條件不錯，在外做點小官，吃點喝點，比較舒服，不願再努力修煉，這算是對還是錯？佛典告訴我們出家很好，是大福報，但問一下在座各位，有幾個願意出家的？怎麼看這個問題？

濟：朱院長說到，儒家早期主要關心人道的道德倫理，到宋明理學開始關心天道天理。事實上，人道的道德建立非常重要。這種建立不是簡單的認同，也不僅僅是知道怎麼做，而是認識到遵循道德對自身的意義。只有這樣，我們才能在任何情況下都堅定地選擇道德，而不是被外在因素干擾，甚至見利忘義。

很多時候，我們雖然對道德有一份尊重，但只是將之視爲來自社會的外在要求，如果整個社會重視道德，那麼遵循道德還不是難事。但在今天這種崇尚財富、追

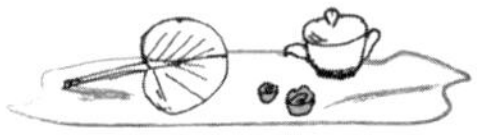

逐享樂的大環境下，如果我們不能認清道德的價值，是很容易被同化的。古人說「君子憂道不憂貧」，但現代人擔心的只是錢不夠花，根本不在乎道德爲何。關鍵正是在於，我們沒有把道德和生命成長聯繫起來。因爲這種脫節，道德就成了空洞的教條。

孟子的四端告訴我們，仁義禮智都需要基礎，所謂「惻隱之心，仁之端也；羞惡之心，義之端也；辭讓之心，禮之端也；是非之心，智之端也」。佛法也以慚愧做爲道德基礎，西方哲學則以自尊和道德對應，人出於對不良行爲的羞恥，以及對人格的自尊，才會產生道德訴求。但這種慚愧心和自尊心並不是天生就有的，多數人要接受教育才能建立標準，並以此檢討自身行爲。如果沒有標準，就談不上慚愧心，也談不上自尊心。

從宋明理學的角度，透過修行可以致良知，體會天道天理。但多數人的境界離天道很遠，單純立足於天道宣導道德，會有一定難度，還是要和現實利益掛鉤，從道德與利益、幸福、命運、心態的關係，引導人們認識道德的價值，依此爲人處世，完善人格乃至生命品質。

今天很多人不重視人格，只在乎身分、財富、地位等外在名利。事實上，你是什麼遠比擁有什麼更重要。因爲擁有只是短暫的，人格才代表你的存在，對生命才有永久的意義。人格從哪裡來？來自身口意三業的積累。

從因果觀來說，善行必然會招感樂果，帶來利益和幸福。當然這個果不見得很快就能看到，從因感果是有過程的，要有緣的參與才能成就，但就像種子，假以時日，必然開花結果。雖然感果時間不定，但善有樂果、惡招苦果的規律不會變。

儒家沒有輪迴說，因果就顯得沒有說服力。比如顏回這麼好的人，卻又窮又短命，誰願意效仿？反之，有些人爲非作歹，橫行霸道，當下似乎還很如意。所以單純從現世看，不能有效解讀道德的價值，只有從三世因果才能說清楚。

但現代人往往不信輪迴，所以我側重從心靈因果來解釋。道德是代表健康的心理和行爲，如果我們遵循道德，就會構成正向積累，有益生命成長，當你是這樣的存在，本身就很容易幸福。我們應該有這樣的經驗，做了好事之後，內心會感到

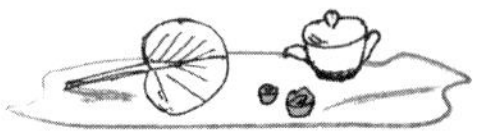

很快樂，同時也能得到他人的認可和尊重，對自己是一種正向激勵。反之，如果你心態負面，行爲惡劣，非但不會幸福，還會讓周圍人遭殃。由此可見，我們希望心安理得地活著，希望有更好的未來，現在就要遵循道德。這是從果來推導因，彌補了單純強調道德的不足。

回到顏教授的問題，佛教並沒有要我們都放棄現實生活，出家修行，也鼓勵大家做健康的、有益於社會的人。至於想要獲得世間利益，只要透過正當手段得來就沒問題。問題是，人並不是解決生存問題就可以了。動物吃飽了就在玩耍，人卻會製造煩惱，有道是「家家有本難念的經」，不少人表面風光，其實卻有焦慮、抑鬱等種種心理問題。在物質條件極大提高的今天，心理疾病患者也與日俱增。爲什麼會這樣？解決之道在哪裡？怎麼加以預防？

除了當下的生活，有些人還會思考生死、生命意義等永恆的問題。如果人生所有努力都立足於有限性，百年之後，生命的意義在哪裡？找不到終極意義的話，現實中的一切價值何在？在你活著的當下，可以說它是有價值的，當你離開世界後，價值又在哪裡？不必說人終有一死，即使地球也是要毀滅的，意義又在哪裡？世間之所以會出現哲學和宗教，就是來自這些終極追問——我是誰？我從哪裡來，到哪裡去？人爲什麼活著？宋明理學之所以要解決這些問題，就是因爲不解決的話，儒家做爲哲學體系來說是不完整的。

至於有些人安於現狀，不願努力修行，其實是「認識」的問題。有道是「人無遠慮，必有近憂」，如果不解決生命問題，我們只是在世間隨波逐流。雖然風平浪靜時會有暫時的安樂，一旦波浪現起，我們又被捲到哪裡？知道方向嗎？能自主嗎？可以說，修行就是我們在世間的自救之道。看清這一點的話，我們還不願努力嗎？

朱：法師提到一個非常好的問題。我的興趣是儒學，非常贊同儒學的價值系統，必須再從儒學的角度回應。首先是德和福的問題。道德的依據是什麼？佛教有個非常重要的觀念，即因果報應。我在世上的福禍是自己不斷積累的結果，我做了善事會得到回報，做了壞事要受到懲罰。積善也好，積惡也好，因果報應會無限延

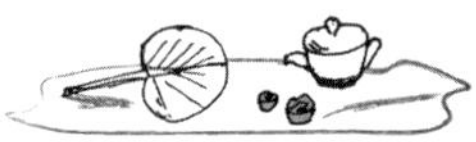

續。由於這個理念，我們願意做善事，不願做惡事。在這一點，幾乎所有宗教都是相通的。

有人認爲儒家不是宗教，就在於儒家沒有靈魂不死、因果報應的觀念。我記得德國哲學家康德談過德和福的問題，說一個人做了好事最終能得到回報，但必須有兩個前提：一是靈魂不朽，二是有一個上帝主宰賞罰。只有建立起這種信仰，才能解決因果報應問題。儒家士大夫雖然相信有一個主宰性的天，但並不依賴天來解決德和福的關係，即不是祈求天來主宰人世間對善惡的賞罰。確實，儒學總是以善做爲最重要的價值，鼓勵人們的道德修煉以成爲仁德之人。那麼，人做好事到底應不應該得到回報？如果好人得不到回報，反而是做壞人總能得到好處，人爲什麼要做好人？

儒家的思考和解決方式首先體現在《周易》。《周易》做爲群經之首，其實是卜筮之書。古人爲什麼要算命？因爲不知道未來的吉凶得失。這次打仗是贏是輸？這件事能做還是不能做？心裡都沒著落。但他們相信神知道結果，或者能主宰結果，所以透過卜筮求諸神靈，他們就算一卦，希望神能指點迷津。但古人逐漸發現了一些規律，吉凶得失的結果往往與本人的努力程度相關。

人生本來就處於吉凶禍福交替無常的變化中，在這種變動不居的社會中，如何把握不可捉摸的吉凶悔吝的後果呢？人應該怎樣正確選擇合宜的行動方案呢？《周易》經傳中的大量義理告訴我們，吉凶禍福的過程與結果，其實與我們的德性、智慧密切相關。比如你抽到任何一卦，可能是吉，也可能是凶，但吉和凶是可以轉化的。我們在世間做任何事，如果堅守自己的德性與智慧，就可以把握局勢，逢凶化吉，劣勢可以變成勝勢。可見，《周易》基本上肯定了德與福的關聯性，有德即有福，這是儒家的一個重要思想。

但在現實生活中，好人未必得好報。有些人善良、勤勞、誠懇，可是突然得了暴病，英年早逝；也有人壞事做盡，卻盡享人間富貴快樂，所以人們常說老天不公。《周易》做爲儒家經典，已經將做人的道理哲學化、理性化，那它怎麼回應和解決這一問題？許多儒家學者也在思考。剛才講到，顏回品德很高，卻「一簞

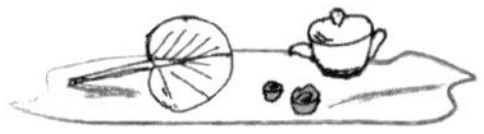

食，一瓢飲，在陋巷」，那他值不值得？爲什麼要那麼做？包括孔子自己，有理想，有志向，以追求仁義道德爲己任，但最後周遊列國時沒人理他，嘲笑自己如喪家之犬。雖然結局那麼差，孔子還是樂以忘憂，還反覆強調顏回也活得非常快樂，但很多人並沒有仔細思考這個問題。

到了宋代的儒家，如范仲淹告誡張載「儒者自有名教可樂」，周濂溪啓發二程「尋孔顏樂處，所樂何事」，他們的問題意識、哲學思考最終都指向德與福的問題。一方面，儒家認爲道德能帶來福報，因爲道德能給他人、社會帶來利益，最終也會給自己帶來好處，這就是「我爲人人，人人爲我」。另一方面，道德可能不一定給我本人帶來好處，做了好事得不到回報，這怎麼辦？儒家宣導的孔顏樂處的樂，其實就是他得到的福報。有個詞叫作心安理得，我服從內心的德性做事心就安，否則心就不安。這個安非常重要，如果你做了壞事沒有得到懲罰，但內心每天惶恐不安，其實已經受到懲罰，不需要來世的懲罰。做好人好事也是一樣，會讓自己像孔子、顏回一樣感到充實而快樂。

所以儒家對德與福的問題有兩層理解。一層是做了善事，應該有現實的因果報應，在現實社會中得到利益回報，如一個講誠信的商人可能會賺更多的錢；另一層是雖然沒有現實利益，但我會爲自己的善良德性感到快樂，其實這也是回報。我有一個朋友從政，我問他從政的最大快樂是什麼？他說，當我做了一件利國利民的好事，如果大家認同我的努力，我會發自內心地喜悅。其實這就是對德行的回報，不一定要有其他的利益回報。

法師說到，如果不解決生命永恆性問題，勸善的效果就不會那麼好。確實，儒家沒有借助生命的永恆性來勸善。但是，儒家確實有生命永恆的思考和看法，其生命永恆的思考深化了德與福的思考。

回到張載立心立命的話題，其立心立命是以《西銘》爲宇宙觀、人生觀的基礎，他說：「乾稱父，坤稱母，予茲藐焉，乃混然中處。故天地之塞，吾其體；天地之帥，吾其性。」我是天地所生，天是我的父親，地是我的母親，我可以將這個世界看作與我息息相關的存在，雖然小我沒了，但大我永遠存在，天地永遠存

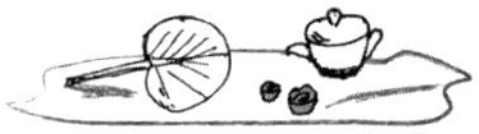

在，還有子子孫孫不斷延續下去。這是儒家的宇宙觀，同時包含儒家的價值觀、人生觀。中國人重視孝，孝是什麼？就是你的生命一代代傳遞下去，生生不息，其實這就是生命的永恆性。孝既是一種世俗的道德，但是孔子把世俗變成神聖，把有限變成永恆，孝敬父母和祖先其實就是維護生命的永恆性。可見，儒家德行與生命永恆性也是息息相關的。

立心立命的繼承與創新

顏：我在想，佛家爲什麼能在歷朝歷代，那麼長時間被推崇？儒家更不用說，本身就是國家主流的文化體系，也是治國的主政工具。它們對民眾的作用是什麼？我在衡山觀察過拜山的人，大體有兩類。一類大富大貴，一類特別貧苦，背個紅袋子一路拜。最不信的就是我們這個群體，還過得去，又不是大富大貴。爲什麼會這樣？我個人理解，大富大貴者最怕突然來個災難，失去富貴，所以到寺院求菩薩保佑。寺院先接納，回頭再加以引導，讓他明白富貴是因爲過去做得好，過去因是現在果，如果想繼續維持，現在就要做好。讓這些人不要爲富不仁，恣意妄爲。而對最貧苦的人來說，過去實在活不下去時，就會殺人越貨、造反起義。佛教告訴他們：因爲你過去做得不好，才有今天的果，如果想以後過好，現在要努力做點好事，前途才會光明。這樣讓雙方都有期待，有希望。

儒家之所以在過去特別有力量，是因爲人們的欲望沒那麼複雜，容易受教化，良知容易被激發。但現在的人已經把最深層的欲望激發出來，良心太壞，再講孔顏之樂就覺得沒有吸引力，大家還是覺得喝酒更樂，賺錢做官更樂。怎麼解決這個問題？我認爲應該繼承和創新。

我是自然科學背景的，現代科學有個說法比較熱門，認爲整個自然是一體，所有的言行思想，一定會在自然系統留下印跡，相當於佛教講的阿賴耶識儲存種子。比如我現在講話，攝影機把我的聲音和形象留下印跡，以後還能重播。其實自然本身具有記錄功能，科技產品只是自然規律的提取物，但它做得還有差距，比如我在想些什麼就錄不下來。但在大自然中，所有一切都有紀錄，都會留下印痕，

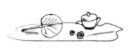

消都消不掉。

經濟學有個觀點是「人無恆產，必無恆心」。爲什麼會出現產權？十八世紀時，資本主義有個著名的圈地運動，起源是在英國的公共牧場，大家爲了自己多得利，把羊越養越多，結果過度放牧，使牧場逐漸荒漠化。後來就讓大家跑馬圈地，使牧場歸自己所有，這些牧場主就不再過度放牧，因爲土地荒漠化之後要自己負責。還有個例子，當年集體生產時，效率很低，包產到戶[1]後效率就很高。這是透過產權歸屬來解決問題。

同樣的道理，如果人知道要爲自己所有行爲承擔責任，看到這一切是包產到戶的，做得好有好的果，做得不好也必須買單，就不會恣意妄爲，道德才會有力量。我理解的生命，應該是一團無形的能量資訊，按佛教的說法，肉體只是一座房子，看到這一點，大家才會持續地考慮，如何潔淨自己的生命品質，行爲必然有所顧忌。但用什麼方法我沒想到，這是兩位大家的事。

濟：朱院長前面講到「天」，這個概念也值得進一步探究。西方關於天的概念是上帝，早期的上帝就是人格神，是有意志的。但基督教接受西方哲學後，這個人格神多少和宇宙規律融合。在中國早期，周天子時講到的天，應該也是有一定意志的。到宋明理學講的天，則是屬於一種規律，是自然存在的天理、天道。

關於這個問題，佛教有不同觀點。首先，佛教否定世界有主宰神的存在。從生存處境來說，多數宗教都推崇天堂，認爲是理想去處，但佛教認爲人道比天堂更好，爲什麼呢？因爲天堂是享樂之地，如果耽於享樂，就會不思進取。但天堂並不是永久居處，福報享盡之後還會墮落，當畜生、下地獄都有可能。而人的生存處境有苦有樂，而且人有理性，會爲離苦得樂而努力，會不斷探索自我和世界的眞相。所以佛教特別看重人的身分，認爲眞理和智慧屬於人間，終不在天上，就是因爲天人沒有探索的動力。

1 亦稱「分田到戶」、「家庭聯產承包責任制」，是中國大陸在改革開放初期實施的農村改革政策，開始允許農民集體向國家承包農田，並簽訂生產合約，是農村土地制度的重要轉折，也是中國大陸農村現行的一項基本經濟制度。

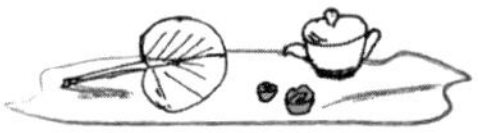

我們知道，西方在經歷中世紀長達千年的神權統治後，由人本思想帶來文藝復興，強調以人爲中心，重視個人價值的實現。其實，佛教的誕生背景與此相似。印度宗教發達，並以神本的婆羅門教爲主流，至今已有三千多年歷史。而佛教正是出現在反神本的思潮中，提出以人爲本，認爲人可以透過修行改善生命，這個身分更爲可貴。

此外，佛教強調因緣因果，認爲「善有樂報，惡有苦報」屬於宇宙規律，是緣起的，並不是由神在主宰。也就是說，一切果報都是以身口意三業爲因，並以各種條件爲緣共同產生的。在此過程中，當因和緣發生變化，結果也會隨之變化。所以每個人都可以透過修行把握命運，這是眞正的「我命由我不由天」。

講到人心和天心，回到那四句話：天地到底有沒有心？人能不能爲天地立心？如何爲天地立心？關鍵是認識到人心和天心是統一的。關於這個問題，宋明理學也有說明，認爲「吾心即宇宙，宇宙即吾心」，並不是說人心以外有一個天心，也不是在天心以外還有人心，這個統一的心，是大心。當然以人來說，確實有屬於自己發展而來的個體的心。二者如何統一？

在印度傳統的《奧義書》中，有個概念叫「梵我一如」，認爲宇宙是大我，就像大海；個體是小我，就像泡沫。修行就是讓泡沫回歸大海。禪宗修行也強調回歸本心，所謂「菩提自性，本來清淨，但用此心，直了成佛」。現在宣導「不忘初心」，從佛教見地來說，初心就是本初的心，是我們本來天成、生而有之的心，這個心和宇宙是統一的。從這個意義上說，「爲天地立心」就是找到自己的心。立足於這個根本，我們才能重新建構生命的緣起，這是遵循宇宙的規則，因果的規則，不是神的意志。

至於如何體會「孔顏樂處」，這是一種精神境界，有些人確實難以理解，因爲他還不在這個頻道上。從佛教來說，每個人都有覺性，當覺性未被遮蔽時，就能源源不斷地產生喜悅。就像一個人沒有被欲望左右，也沒有煩惱、壓力、焦慮時，是很容易快樂的。這種快樂不是因爲物質享樂或得到什麼，而是來自清淨心，是由內心寧靜感受到的。當然，我們平時體會到的清淨之樂還不穩定，而且很有限，因爲凡夫心是不穩定的，需要透過修行來調心，心才是快樂的源頭。如何完成從人心到天理、從人道到天道的過渡？必須下一番功夫。宋明理學有很多相關修養，佛法也提供了我們具體的指導，尤其是禪修，透過空性正見，引導我們超越二元對立的世界，直接體悟人心與天理不二的眞相。

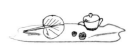

朱：中國本身有儒學和道家，而佛學傳入中國後，完成了本土化的轉型，在中國成爲主導性的宗教。儒釋道三家有很多相通之處，比如基督教需要有最高的神來賞罰人類，而儒家和佛教都不是這樣，其思考起點是立足於人，而且希望靠人從自己身心下功夫來解決問題，人文性非常突出。所以說，心性之學既是儒、道之學的理論核心和修行重點，也是佛教思想的基礎和核心。

如何成就自己的內在人格？中國文化強調應該從內在心性下功夫。關於這一點，儒釋道三家既有各自的追求，也有相通之處。所以佛教傳入中國後，到唐宋發生了很大變化，完成了中國化的轉型。學術思想史界專門研究了唐宋佛學的重大轉型，其突出表現就是入世化、世俗化，六祖惠能之後，佛教已經把修行和日常生活連爲一體。上個月我到泰國，發現他們的僧人到今天仍然靠信眾供養，就像原始佛教在印度時那樣。但中國古代的僧人主要靠自己勞作，他們往往在勞作中修行，並不總是靜靜地坐在那裡念經。我認爲，這種轉向和儒家文化相通，儒家講「日用常行即道」，而佛家講「劈柴擔水，無非妙道」。

當然，儒佛之間往往相互吸收。如果說佛教在唐宋後更注重入世，那麼儒家到宋代則增強了出世，所以兩者相通之處更多，雖然其最終目標確實不同，所起的社會作用也不一樣。我常說，在其他文明中只有一種宗教主導，有兩種就會打架。但中國傳統的儒釋道和而不同，非但不打架，還能在相互交流中吸收對方的長處。儒釋道的發展過程，滿足了精神對文化多重性的需求。

回到天的問題，儒教信仰天，特別強調天，這也是中國文化的重要特點。外國人碰到麻煩會說「Oh My God」，而中國人一定喊天，「我的天啊」。幾千年來，這個天在中國人的精神世界中占據了主導地位。如果我們進一步考察，會發現天的具體內涵其實不斷地在發生變化。上個月在嶽麓書院召開基督教和儒教的研討

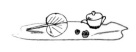

會，主題是「天命與上帝：中西比較與儒耶對話」，我專門寫了一篇文章談天的演變。

上古時期，中國人的天就是人格神，和西方的上帝一樣。這種人格神在民間有很大的意義，大家相信天能賞善罰惡——你做壞事，天會懲罰你；做好事，天會獎賞你。到後來，天又演化出天道與天理。在天道與天理的概念中，天成了形容詞，形容的對象是道與理，相當於古希臘的邏各斯（Logos）。天道的思想在春秋戰國時期就大量出現，道家、儒家都講天道，這時的天不再是人格神，而是人文道德、自然法則。

所以我認爲儒家主要是一種人文信仰，特別是宋儒，更加強調「天理」。他們的「天理」主要是人文之理，即體現爲道德規範與典章制度的「分殊」之理。但宋儒還強調，具體的人文之理還可以統一於「天理」。天理是最高的理，強調了它是宇宙天地的主宰。宋儒的理是人文之理，但又吸收了道家的自然之理。其實不管人文之理也好，自然之理也好，所謂「天理」都是能主宰、支配世界的「道理」。宋儒繼承了傳統儒家對「天」的信仰，但強調對人文之理、自然之理的理性認知，所以說是人文信仰的強化與建構。

雖然中國人文理性興起比較早，宗教觀念相對比較淡，但是對天的信仰一直保留了下來。在精神層面上，儒家的孔顏樂處其實就包含著「知我者，其天乎」的精神信仰。孔子、顏回是對儒家天道天理的堅定信仰者，所以他們內心才會因人文理想而樂，才會心安理得，哪怕暫時受到不公正的待遇。

顏：大儒和高僧一起論道，還可以論上幾天幾夜。過去麓院的記載是三天三夜，不過兩位高人交流的機率還很大，我們以後再論。下面進入問答時間。

問答

人生最大的困惑

問：很高興聽到三位大師的講解，受益匪淺。我是國學班學員，覺得人最大的困惑就是生死。隨著年齡增長，經歷更多，也見證了很多同事和親戚朋友的去世，這時會問自己：活著到底有沒有意義？這個意義是不是隨著死亡而消亡？有研究說，人有生死輪迴，有靈魂，但也有很多爭議。到底有什麼途徑解決生死困惑，讓我們活得更充實，更有意義？通常的途徑有兩個，哲學的智慧和宗教的信仰。顏老師、朱老師是研究哲學的，濟群法師是學宗教的，希望能得到解答。

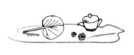

濟：說到生死問題，必須關注生命的無限層面。如果僅僅停留在有限性的認知，我們一定會面臨——死了到哪裡去？人爲什麼活著？生命的意義是什麼？剛才說過，地球最後都會毀滅，那人類經歷過的這麼多，雖然當下都有意義，但終極意義是什麼？這就必須探討生命的無限性，只有瞭解「生從何來，死往何去」，才能找到人生意義。輪迴思想正是對此做出的解答。

我們現在的思考多半著眼於今生，儒家思想也是側重現實，告訴我們如何過好這一生。而佛教是立足於輪迴，探討生命如何從過去到現在，進而走向未來，是從整體而非局部來看待生命。在西園寺舉辦的「戒幢論壇」中，佛教界和心理學界曾就「死亡焦慮」的主題深入探討。我在會上講了「《心經》的生死觀」，介紹

佛法如何看待生死，解決死亡焦慮。如果我們相信輪迴，知道今生只是生命長河的片段，死並不是最終結束，還有生生不已的未來，對生死就不會那麼焦慮了。

入世也是一樣。儒家的入世在於這一世，而佛教的入世包括現在，也包括過去和未來。我們不僅要爲今生負責，更要爲來生負責，這才是人生的意義所在。如果我們有信仰，能遵循因果規則，積極行善，杜絕惡業，就不會恐懼死亡了。因爲我們已爲生命的正向發展做出努力，這個因必定會帶來樂果。除了在認知上接納死亡，我們還能透過修行獲得生死自在的能力，佛教歷史上，很多祖師預知時至，坐脫立亡。之所以能這樣，是因爲他們已證悟空性，知道生死就是不生不死，對去處是有把握的。如果要解決死亡焦慮，離不開宗教信仰和人生智慧，也離不開自己的修行功夫，這樣才能對未來做出正確努力。

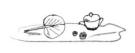

朱：這個問題必須法師回答，因爲宗教最重要的功能就是解決生命憂患。當然人生有很多問題需要宗教解決，但生死是其中最大的問題，西方叫作終極關懷。可見，這個追問是宗教產生的根本原因。

我談談自己個人的體會。說實話，我和你一樣有生命焦慮。我過完四十歲生日以後就常常思考：如果一個人能活八十歲，我已經活過一半了，就像一支蠟燭燃了一半以後，剩下的蠟燭只會更短。我還記得六十歲時同事同學要爲我賀生日，我對大家說：其實過生日是我最煩惱的事，你們還來祝賀我。這也是內心深處的生命焦慮。當然我也希望生命長存、靈魂不朽，希望哪個宗教能幫助我解決生命焦慮。但我又受過太多的科學教育，這是根深柢固的，很難相信靈魂會不朽。所以，生命焦慮看起來就是我們的無解難題，除了宗教的解決方案之外，儒家能提供什麼解決方案呢？

剛才法師有個比喻非常好，說生命就是大海，今生只是呈現的一朵浪花。浪花是很短暫的，不管它多麼美妙，高達幾米甚至幾十米，最後還是會落下，重新歸於平靜。我認爲這個比喻其實和儒家思想相通，張載的《西銘》爲什麼說「乾父坤母」？就是希望引出「天地之塞，吾其體；天地之帥，吾其性」的萬物一體思想。這種萬物一體的思想境界，既可以引申出「民，吾同胞；物，吾與也」的博愛道德，也可以引申出「存，吾順事；歿，吾寧也」的生死自在。

可見，儒家的生死智慧可以讓我們對來到世上感到萬分榮幸，而對死亡又表現出一種精神上的自由豁達，因爲死亡只是個體的我回歸本原之氣，就像浪花回到大海。個體小我是短暫有限的，那個大我卻是永恆無限的，我還會存在於新的浪花中。可見，如果我們能夠轉變觀念，不執著於個體小我的浪花，小我的浪花沒了，但我只是回歸大我的大海，大海又會形成許多浪花，這就是「存，吾順事；歿，吾寧也」的生死自在。我常常用這些思想解答自己的生命憂患，現在用這句話來安慰你，不知有沒有用。

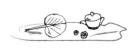

如何讓心安定

問：佛教說「因戒生定，由定開慧」，《大學》也說「知止而後有定，定而後能靜，靜而後能安，安而後能慮，慮而後能得」。我從小就沒定性、沒耐心，對什麼事都是三分鐘熱度。很想知道怎麼樣才能讓自己有定力？我參加三級修學，法師說要觀察修和安住修。觀察修有時能做到，但要安住在某個狀態，我覺得太難了。怎麼辦？

濟：定不僅能讓人安靜下來，還能開發智慧，所以佛教把禪定做爲修行的重要內容。今天的人只要帶著手機，就不停地滑著，直到身體徹底沒電才肯放下，根本沒時間和自己相處。不像過去，人們多少有時間靜一靜，哪怕是被迫的。現在的人爲什麼普遍覺得很累？除了各種壓力，更是因爲我們沒有休息能力。

怎麼修定？離不開戒的基礎。說到戒，我們通常覺得只是很多約束，其實戒是幫助我們建立簡單、健康、有規律的生活，爲修定營造心靈氛圍。如果心複雜、混亂、毫無規律，怎麼可能生定？所以要持戒，行爲清淨了，心也會隨之清淨。在此基礎上，還要透過特定方法修定。

在三級修學中，主要透過觀察修和安住修，從而改變觀念、心態和生命品質。每種品行的獲得，首先要在觀念上接受。比如我們實踐仁義禮智信，就要充分瞭解這些德行對自己的好處，結合現實人生不斷思惟，透過百千萬次的思惟和確認，讓這種心行成爲自己的常規心理。然後把心安住於此，持續、穩定地保持這個狀態，本身也是定的訓練。包括對出離心、菩提心的訓練，同樣要透過思考、觀察、確認，對這種心理做出選擇，然後不斷練習。

當然佛教中修定的方式很多。最基礎的還有正念訓練，比如吃飯的時候專心吃

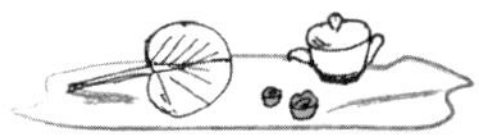

飯，走路的時候專心走路，坐著的時候專注自己的呼吸。透過這些訓練，讓心逐步安靜，座上禪修就容易相應。有了定力之後，才能進一步導向觀，使內在的智慧光明呈現出來。

平常心和進取心

問：現在很多人學國學，想保持平常心，這樣會不會失去上進心？是不是和立志、立心、立命矛盾？什麼才是眞正的平常心？

濟：國學包括儒釋道，主要引導我們如何做人。儒家是從君子到聖賢，佛教是成就佛菩薩品質，這都要從立志開始。儒家說志當存高遠，佛教則是發菩提心，建立崇高願望，成爲能利益眾生、對社會有擔當的人。

有了願望之後，一方面要修身，遵循做人的道德和行爲準則，一方面要培養造福社會的能力。從佛教來說，菩薩要從五明處學，包括醫方明（醫學）、工巧明（科學技術和藝術）、聲明（語言文字學）、因明（邏輯學）和內明（佛法）。凡是能利益眾生的事，都要努力學習。可見並不是學了國學或佛學，就什麼都不做了。現在有個概念叫「佛系」，好像信佛了，四大皆空，什麼都無所謂，都不當一回事，其實這是對佛教的極大誤解。眞正的學佛要勇猛精進，爲了上求佛道、下化眾生，甚至連生命都能捨棄。就像佛陀因地修行時的捨身飼虎、割肉餵鷹，還有玄奘西行的求法精神、鑒眞東渡的傳法願心，都需要超乎常人的努力和大無畏精神。

但在精進的同時，又不能執著，這不僅是學佛必須具備的素養，也讓儒家士大夫嚮往。所以很多儒者喜歡誦讀佛經，談空說有，使自己在積極入世的同時保有出世的超然。《金剛經》中，就將出世和入世統整起來，菩薩要發阿耨多羅三藐三菩提心，要修習六度、莊嚴佛土、度化一切眾生，但在利他過程中始終伴隨兩種提醒：一方面告訴我們，不要因爲做事增長執著，陷入自我的重要感、優越感、主宰欲，而要無我相、無人相、無眾生相、無壽者相；另一方面讓我們學會放下，每說一件事都以「所謂、即非、是名」的三段式加以總結。比如佈施，告訴

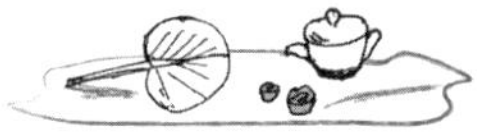

我們佈施只是條件關係的假相，在空性層面，一切了不可得，如果離開各種條件，根本沒有佈施這個行爲，更不需要執著。

這正是世人最容易出現的兩個問題：如果做的過程中很執著，就會特別辛苦，而且很難客觀看待問題；如果做了之後很執著，就會患得患失。所以問題不在於做，而在於執著，這才是眞正的苦因，是必須斷除的。如果放下執著，在做事中體會無所得的智慧，在現象的當下認識其空性本質，做了和沒做一樣，了無牽掛，才是眞正的平常心。這種平常心是建立在甚深智慧和修養之上，並不是什麼都不做，和立志是不矛盾的。

怎樣獲得幸福

問：有句古話叫「萬里江山不是皇上的，是閒人的。」這個閒人不是遊手好閒，是沒有心事和壓力的人。如果從小我來講，我覺得不需要立心、立命，也不需要立德、立功、立言，我就要現在和未來的幸福，要家人幸福、朋友幸福、大家幸福。比如古代的岳飛、曾國藩等仁人志士，既立德也立功，但我看他們過得根本不幸福。我想問的是，要獲得幸福，必須立心、立命、立德、立功、立言嗎？如果沒有這些發心，會不會獲得幸福？或者還有其他途徑能讓我獲得幸福？

朱：不管什麼身分，在什麼歷史境況下，追求幸福是每個人的目標。但幸福的模式差別很大，有時皇帝坐在龍殿不幸福，但乞丐坐在路邊可能很快樂。所以說，幸福其實是自己的感覺。人是有幸福意識的動物，這個意識包括兩點：一是提出目標，人在世上會提出無數目標，哪怕不懂事的嬰兒，餓了就哭，不舒服也哭，他的目標就是要吃，要解除痛苦。如果抽象地談幸福，是沒辦法解答的。其次是實現目標，幸福感就體現在實現目標的過程中。

至於立德、立功、立言，說實話，提出這些目標的是社會菁英，是中國傳統社會中地位較高的士大夫，他們的社會條件不一樣，受的文化教育不一樣，生活目標當然不一樣。但對普通百姓來說，只是靠勞動養活自己，養活家人，確實沒必要提那麼高的目標，必須有一定條件，才能造福社會而立功。比如你做了縣委書

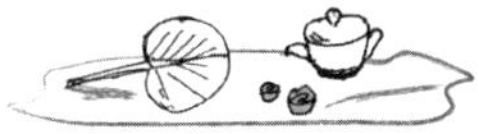

記[2]，幾百萬的家庭幸福與你息息相關，必須讓人民安居樂業；或是你做了董事長，必須解決企業內部許多問題，這是不得不承擔的責任。這些算是立功。如果你掌握很多公共資源，擁有很大權力，結果遊手好閒，大家必定不滿意，你對自己也不會滿意。

即使你是普通人，並沒有地位和資源，但也可以立心立命。普通人要養活自己，還要讓家人幸福快樂；當你滿足物質需求以後，馬上會有進一步的目標，比如追求知識，追求藝術，必須滿足精神層面的需求時才會幸福。做到這一切，就是立心立命。所以不要簡單地談幸福，要結合實際情況，每個人的定位不同，目標不同，獲得幸福的途徑也不同。

濟：能夠「爲天地立心，爲生民立命」的人確實不多，但對我們每個人來說，至少要爲自己立心立命。簡單地說，立心是建立正向心行，立命是規範自身行爲，成爲有愛心、有道德的人。

說到幸福，我們關注更多的是物質，但作爲生命的存在，其實有物質和精神兩個層面。現在不少人很富有，卻不幸福，問題就是精神的貧乏甚至墮落。我們需要審視自己，建立健康、慈悲的心理，以及自利利他的道德行爲，這些心行當下就能爲我們帶來幸福，同時也能爲未來生命持續地帶來幸福。所以普通人也可以從自己的層面立心立命，當然，這和四句教的境界是有距離的。

顏： 時間關係，我們不再繼續討論了。人民有信仰，國家有力量，民族有希望。中華文化博大精深，我們透過這樣的交流融匯，就能創造性地理解並運用中華優秀傳統文化，達到推陳出新、返本開新的效果。感謝敬愛的濟群法師和朱院長，感謝大家。

2 縣委書記是中國共產黨的縣級地方組織（委員會）負責人，任期五年，與縣長是上下級的關係，權力高於縣長。

2

傳統文化與現代教育

—— 與中科院院士朱清時對話

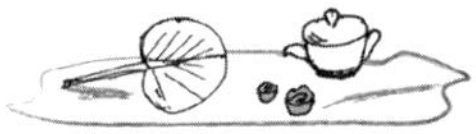

二〇一三年十月，中科院院士、南方科技大學創校校長朱清時和戒幢佛學研究所導師濟群法師相聚深圳，以中國傳統文化和現代教育爲主題展開對話。朱院士本身是科學家，從事教育工作多年。濟群法師長期從事佛教教育，積極向社會弘揚佛法，並針對學佛者普遍存在的問題施設三級修學，引導大眾由淺至深地次第聞思，將法義落實到心行。來自不同領域的一席談，相信會給大家帶來啓發。對話由張素聞策劃並主持，善生根據錄音整理。

教育的根本是什麼

主持人（以下簡稱主）：二位都是從事教育工作多年的教育家，你們覺得教育的根本是什麼？

濟群法師（以下簡稱濟）：教育的根本應該是做人，引導大眾成爲有智慧、有道德的人。人有不同層次，對普通人來說，就是做一個好人。

關於這個問題，儒家的標準是遵循五常，佛教的標準是遵循五戒十善，止惡行善。進一步而言，儒家的要求是成爲君子乃至聖賢，佛教的目標是轉迷爲悟，從迷惑走向覺醒，成爲佛陀那樣的覺者。這是佛教教育的根本所在，也是佛教不同於其他宗教和哲學的殊勝之處。

朱清時院士（以下簡稱朱）**：**我完全同意法師說的。我曾把南懷瑾老師對我們說的話寫成條幅——教育的根本是學會做人。一方面是做有智慧、有能力的人；一方面是做有道德、有愛心的人，對社會有擔當、有責任感。這樣才是具有全面素養的人，也是教育培養的目標。

主：古人的教育是成人之教，成德之教，儒家的要求是修身、齊家、治國、平天下。怎樣才能具備這樣的人格品質？

濟：中國傳統儒釋道的教育屬於生命教育，是從觀念、心態的改變，達到生命品質的改變。這就必須正確認識生命，知道當下的現狀是什麼，所要達到的目標是什麼。方向明確後，接著是怎麼做。

儒家是從格物、致知、正心、誠意，而能修身、齊家、治國、平天下。簡單地

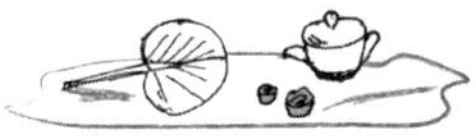

說，是從如何做好一個人，到建立和諧家庭、理想社會。

佛教的常規途徑是修習戒定慧。其中，戒是透過對行爲的約束，建立簡單、清淨、健康的生活方式，爲修行營造心靈氛圍；定是透過對專注的訓練，擺脫散亂、昏沉，由心一境性成就定力，爲發慧奠定基礎；慧是透過修習觀禪開啓智慧，證悟心的本質，由此體認生命和世界的眞相。除了常規途徑，菩薩道修行還有一些特殊方便。

朱：學會做人，主要是學會克服私欲，培養對整個人類和社會的愛心。如何做到這一點？首先要認識到人生究竟是怎麼回事。如果沒有想清楚，只是想著持戒，克制自己，是很難做到的。在中國文化中，儒釋道三家的主要源流相通，都講到學會愛人。孔子宣導的仁，就是在學會愛人之後，學會愛整個社會，知道生命的價值是爲社會做貢獻。這樣的人有了能力之後，才會有擔當，眞正發揮正能量。

立志和發願的重要性

主：儒家講立志，佛家講發願，因爲所有事都要先有一念心，才會有行爲。我們應該怎樣立志和發願？對普通人來說，有沒有天命或使命之說？

濟：立志和發願直接關係到生命的發展方向。凡夫生命是由一大堆錯誤想法和混亂情緒構成的，如果缺少高尚目標，我們就會跟著感覺，被不良習性左右。所以儒家強調立志，志當存高遠，讓我們站在更高的角度規劃生命。佛教重視發願，菩提心就是最高的願望，不僅自己追求覺醒，還要像佛菩薩那樣自覺覺他，引導眾生走向覺醒。

但這種立志和發願容易流於空洞，很多人會覺得：我爲什麼要立志？爲什麼要發願？如果不能認知這麼做的重要性，即使人云亦云地說一說，也會流於表面，知而不行。這就涉及另一個重大問題：人爲什麼活著？只有看清這一點，知道人生價值來自哪裡，知道這些高尚志向和願心對自己的重要性，才能經由選擇確立方向。在此基礎上的立志和發願，才是眞切而充滿力量的。

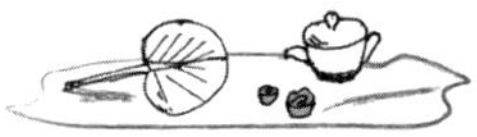

至於天命的問題，說起來似乎有些抽象，有些形而上，但從輪迴的角度來看，每個人都帶著生生世世的積累來到世界。有些人過去生就充滿濟世悲心，帶著願力而來，本身起點就高。比如玄奘少年時已立志「遠紹如來，近光遺法」，可謂振聾發聵。不過我們也不必氣餒，他們之所以有這樣的使命感，並不是天選之才，而是源於自己的生命積累。既然是自己賦予的，也可以由自己改變。我們現在沒有使命感，只是因爲過去缺乏積累，現在同樣可以透過發願來建立並培養。但發願不是一蹴而就的，還需要不斷鞏固，才能使願心具有力量，成爲使命，而且是盡未來際的使命。

朱：教育的根本任務是教會學生如何做人，其中的重要支點，是引導他們立志和發願，現代青年最缺乏的可能就是這一點。我在南方科技大學這幾年，招了三批學生，品質非常高，後來發現他們有個共同的問題，就是高中階段的學習太苦，所學知識太多，現在就沒有求知欲了。因爲不只是家長，從兄弟姐妹到中學老師都告訴他：最大的關是高考[1]，考上大學後什麼都好辦。就像運動員有一個最佳競技狀態，現在他們把人生的最佳狀態調到了中學，結果到了大學就進入疲憊階段，沒有學習動力。

怎麼解決這個問題？就要透過教育讓學生明白：今生想過得有意義，必須有遠大志向。用儒家的話是立志，佛家的話是發願。現在教育界最關注、也是大家都在思考的問題，就是如何讓學生認識到，高考不過是人生的一個環節，在大學階段應該繼續奮鬥，而且要比中學更勤奮。這就需要建立高於高考的人生目標，不僅培養他們對知識的興趣，還要培養對他人的愛心，對社會的責任心。做到這一點，高等教育的改革才能成功，但需要教育界花很大的力氣。我覺得這個問題很好，立志和發願是當代青年學生最大的問題，亟待解決。

1 在中國，全稱為「普通高等學校招生全國統一考試」，簡稱普通高考、高考或統一高考，報考對象為普通高中畢業生及具有同等學力的考生，除特殊情況外，均於每年六月七日至十日舉行。

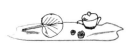

社會對教育的影響

主：目前整個社會對教育非常短視，這就影響到學生對生命最好階段的認知，使他們對未來目標的界定很不明晰。怎樣喚起學生、家長、老師對教育全方位的認知，使大家意識到自己對社會可持續發展的責任？社會應該達成什麼共識，學校應該宣導什麼精神，家庭又該怎樣承續這種氛圍？

朱：只有全社會共同參與，才能使教育回歸應有的定位。現在的情況是，學生考上大學後，將來才能找到好工作，得到好待遇。這幾乎已成爲年輕人唯一的光明出路，也就不可避免會出現高考導向。大家都把高考看作人生最重要的事，拚命奮鬥，好當大學生，找到好工作。事實上，社會分工多種多樣，上大學的固然有前途，那些當技工、做服務行業的也應該有前途。但整個社會沒有對所有的勞動價值同樣尊重，這種意識灌輸到教育中，才使得現在的教育如此功利。

讓教育回到本來面目，就是既讓學生學到眞本事，又讓他們懂得怎麼做完整的好人。達到這一點，整個社會都要努力，每個成員都有責任。如果照過去那樣，只有單一的發展前途，不可能改變片面追求成績、以此做為頭等大事的偏差。要解決這個問題，全社會的價值觀和文化氛圍都要改變。

濟：學校教育僅僅是教育的一部分，除此以外，還有家庭和社會的教育。在每個人的成長過程中，除了獲得知識，更重要的是樹立三觀，學會待人處世。在這些方面，我們從小受到父母的言傳身教，長大後又受到社會潮流、價值取向的引導，這些都會在潛移默化中影響我們的成長。很多時候，學校教育往往比不上這些影響。所以要形成整體的教育氛圍，離不開文化傳承。

現在很多企業開始重視企業文化，大家具備共同的信念，才能同心協力，推動企業發展。對於整個社會來說，同樣要透過文化傳承，宣導正確的世界觀、人生觀、價值觀，使大家具備基本的道德判斷和做人準則，才能促進社會的健康發展。這不是靠短期宣傳就能做到的，而要由一代代的文化傳承才能逐步扎根。儒釋道做爲中國文化的主流，曾在社會發展中起重要作用，這些通識教育不僅造就了君子乃至聖賢，也是民眾整體素質的保障。反過來，這種整體素質又有助於個

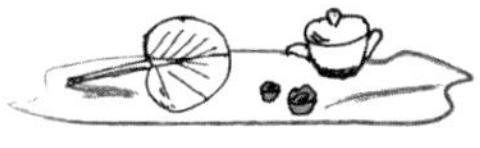

人的心行成長。

現行教育的問題，一是過度注重應考，造成高分低能的情況；一是僅僅注重知識傳授，沒有相應的道德教育，最後造就的只是工具，甚至使學生成爲「精緻的利己主義者」，一切都是爲個人利益服務。正如朱校長所說，這不僅是學校教育的問題，也是全社會的問題。只有當父母、老師、社會各界的價值取向改變了，教育才能回歸本位。

素質教育的核心

主：素質教育的核心就是開啓人的自我認知嗎？儒家的自省和佛家的自覺，能以這種自知爲起點嗎？

朱：現代的素質教育，是除了掌握知識外，學生還要具備創新能力，如想像力、洞察力、記憶力、批判思惟能力等，這些都屬於素質，而不僅是教會學生自省，或是讓他們學會做人。所以，把素質教育和內省劃等號是不對的，人性的素質才是儒家和佛教冠以爲中心的內容。孔子說「吾日三省吾身」，讓人們學會省察自己的內心和行爲，及時調整，我覺得這是儒家留給現代人最好的精神遺產。

濟：從佛教角度來說，素質教育主要是指心性素質。在這方面，自省、自覺確實是提升素質的關鍵。人最本質的就是人性，其中包括本性和習性。佛教認爲，人的本性是清淨的，但習性是雜染的，有著無明、我執造成的種種煩惱。佛教所說的明心見性，就是從認識自己開始，由解除習性，最終證悟本性。

怎麼獲得這種能力？需要透過禪修讓心靜下來，由培養專注提升定力，導向觀慧，才能看清身心和世界，並由智慧觀照解除惑業。當雜染被徹底去除，生命本具的清淨覺性才能顯現，這是究竟圓滿的自覺，也是素質教育的根本。對科技發展來說，創新能力等素質必不可少；但對生命發展來說，自省自覺的素質最爲重要。從另一個角度說，如果沒有正確的三觀，能力越強就意味著破壞力越大，所以要透過生命教育培養綜合素質，才能使人的創新能力得到有效使用。

主：法師提到一個關鍵字叫「生命教育」，現在還有生命科學，其中涵蓋哪些內容？

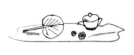

朱：生命科學是關於生物體的科學，屬於科學的一部分，首先是認識外在世界，然後認識自我。生命教育是指中國釋儒道的性命之學，屬於宗教哲學。如果我們能把生命科學和性命之學結合起來，找到它們之間的關聯，對於現代人理解傳統文化的基本觀點，會很有好處。

濟：整個佛法就是導向覺醒的生命教育，這種教育的前提，是基於對生命的正確認識。所以佛法非常重視正見，因爲認識決定觀念，觀念造就心態，並最終成爲生命品質。佛法認爲生命有明和無明兩個層面，明是心的本來狀態，但隱沒不現，而無明給人帶來種種妄想、煩惱和痛苦。

不少西方哲學家在探討生命的過程中，也能看到迷惑所導致的生命非常荒謬，沒有價值。但否定這些後，能不能找到終極價值？很多時候，否定並不難，難的是破而後立。如果找不到可以安身立命的價值，就會落入虛無，難以自處。所以當我們否定名利等短暫的現實價值後，更要找到自救之道。

那麼，生命到底有沒有終極價值？佛陀在二千五百多年前發現，眾生都有如來智慧德相，都蘊含覺悟潛質，這個發現對人類具有無與倫比的價值。佛教的生命教育，就是讓我們認清迷惑眞相和覺醒潛質，從而建立信心。

有了方向之後，還要有實踐的方法。佛教的所有法門，正是從不同角度引導我們破迷開悟，其中又有頓漸之分。每個人迷的程度不同，簡單地說，就是心靈塵垢有薄有厚。對於塵垢較薄者，可以用頓教接引，「直指人心，見性成佛」，以禪宗六祖惠能的修行爲代表。對於塵垢較厚者，則要以漸教的次第，就像神秀提出的「身是菩提樹，心如明鏡台，時時勤拂拭，莫使惹塵埃」那樣，從現前的迷惑系統入手，逐步清除心垢。當然，具體方法還有很多。所謂八萬四千法，強調的正是應機設教，即根據眾生的不同根機，以最適合的方式加以引導。

主：現在的學校常常在教競爭，怎樣在競爭之下，傳承傳統文化的德性之教？

朱：競爭並不都是壞事，而是科學發展的基本途徑，可以把人的潛力發揮到極致。在社會上，競爭也是進步的動力。學校的教育中，也要讓學生和學生競爭，教師和教師競爭，並和社會同行競爭，透過競爭發現眞正的好東西。

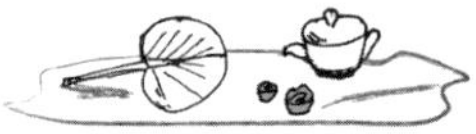

在這種競爭的背景下，傳承傳統文化的德性之教，確實有點難度。因爲佛家並不鼓勵競爭，而是讓人安於當下，安於自我修養。當然佛教歷史上也有競爭，神秀和六祖就是在競爭中，形成了漸教和頓教。但佛教在根本上還是讓人自省，而不是向外分別他人的好壞。因爲競爭首先是分別心造成的，定位就有偏差。

濟：競爭確實可以促使社會進步，從科技、商業到各行各業的發展，都離不開競爭。從這個角度說，競爭是積極的表現。但社會道德、生態環境等種種問題也是伴隨競爭出現的，使人們的幸福感受到影響。我們今天的物質生活已經有了極大提高，但很多人並不覺得幸福，反而很累，壓力很大，充滿焦慮和不安全感。這當然有內在因素，但外因主要來自競爭。

那麼，競爭和德性之教是否衝突？其實在正常的良性競爭中，人的自身素質尤爲重要。包括個人德行、身心狀態，以及公司的信譽、對社會的影響，都是競爭的軟實力，而這些都要以德性之教爲基礎，所以二者是相輔相成的。如果忽略德性之教，缺乏道德約束，會使正當競爭變得畸形。更進一步，還會因此激發人的不良心行，使競爭更爲失控，成爲不正當的惡性競爭。只有大力提倡德性之教，使人們的行爲有規範，有底線，才能建立良性競爭，使社會健康發展。

文化信心從何而來

主：中國傳統文化強調「和」，佛家也講六和敬，其核心都是和競爭背道而馳的。那麼在今天這個時代，學校用什麼方法，可以喚起孩子對傳統文化的信心，以及家長對傳統文化的歸屬感？

濟：建立對傳統文化的信心，還是要透過教育。從某種意義上說，現在正是最好的時機。幾十年前，大家因爲窮怕了，一心致富，以爲有錢就有一切，根本顧不上其他。現在很多人富起來了，卻發現幸福並沒有隨著財富而來，反而出現種種始料未及的問題。沒錢時，生活目標似乎還很清晰；有錢有事業之後，反而迷失了方向，不知道這麼活著有什麼意義。

如何才能安身立命？這幾年，不少人在呼籲傳統文化的弘揚，也有很多國學班、

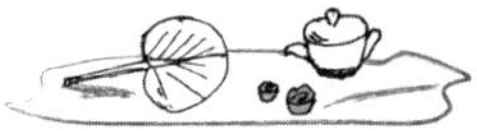

總裁班把儒釋道做爲課程內容，表示社會已經意識到傳統文化的價值。當然這還不夠，因爲有些作法屬於跟風，只是把學習傳統文化做爲時尚，甚至是快速消費品，這是不會長久的。關鍵是引導大家認識自我，看清其中存在哪些問題，只有帶著問題意識，才能看到傳統文化的價值所在，自覺地學習並傳承。因爲這種學習是出於自身需要，對提升生命品質是必不可少的。

朱：我最近十多年非常喜歡研究中醫，怎麼使大家對中醫有信心？必須做到兩點：一是讓人覺得中醫有道理，二是吃藥後確實有效。

中醫有道理，我有親身感受。以前我父母這輩人，根本不可能隨時上醫院看病，有病都是自己找點中草藥治好。我開始學習打坐之後，對一身經絡有了感覺，就對中醫更有信心。相信打坐有一定深度的人都有這種感覺，可見祖先當初不是用解剖學的方法發現哪裡有什麼經絡，而是入定後，自己感覺出一身經絡在如何運行。當然很多細節我還是感知不到，但能感知大的框架。這不是別人用科學方法來檢測你的身體，而是自己感覺出經絡的存在，所以我知道中醫有道理。

說到效果，儘管很多人把中醫說得一文不值，但現在中醫仍是我國醫藥系統的重要組成部分，在很多方面是很有效的，現在國際上也有越來越多人開始嘗試中醫。

對傳統文化建立信心也是一樣，一是知道這些文化有道理，二是感到學習後有效果。大家說起老子、莊子都很佩服，因爲他們把道理講得很清楚。至於效果，剛才法師說到，科技發展把生態破壞了，如果恢復到傳統文化對待環境的態度，生態會更和諧，人類也會過得更好。我對中國傳統文化深具信心，雖然現在它的光輝被西方科學遮住了，但我相信只是暫時的。隨著生態問題越來越多，大家眞正看到科學是雙刃劍，對傳統文化的信心就會恢復起來。

遵循道德的利益

主：關於對傳統文化的信心，朱校長強調了道理和效果。關於道理，儒家強調五倫，佛家強調六倫，比儒家多一層師道；至於效果，比如因爲修身使家庭和睦，或是在五倫關係中找到自己在社會的定位，發揮更大的社會效益等。那麼，這些傳統文化對我們的身心建設、人格塑造及社會發展，究竟提供了什麼資源？使人在哪些方面受益？

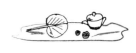

濟：儒家和佛教都爲我們提供了做人的準則。就像產品有產品的標準，做人同樣有做人的標準，儒家提倡的仁義禮智信五常，佛教強調的五戒十善，都是告訴我們做人的標準。五戒十善分別對身口意三業加以規範，其中包括身體的三種德行，即不殺生、不偷盜、不邪淫；語言的四種德行，即不兩舌、不綺語、不妄語、不惡口；思想的三種德行，即不貪婪、不仇恨、不邪見。在過去的印度社會，這是屬於民眾的基本道德，遵循這些行爲規範，可以使我們身心健康。

同時，這些德行還能幫助我們建立自他和樂的社會。社會和諧的基礎，是每個人做好自己，不傷害他人。佛教所說的善行有消極和積極之分，消極的善主要是止息惡行，如不殺生乃至不邪見；積極的善則是眾善奉行，在五戒十善的基礎上，進一步慈悲利他，造福社會。在這方面，佛教和儒家倫理有相通之處，但對心性的認識和改造更深刻，不僅要止惡行善，還強調自淨其意，這是佛教有別於其他宗教哲學的不共所在，所以自古就被稱爲心學。

因爲心性是德行的基礎，如果缺少這種基礎，道德很容易流於空洞的教條。道德的權威並不在於道德本身，不是說我們建立一條道德，就能推而廣之，人人奉行。道德的權威在於它背後的力量——我爲什麼要遵循道德？這麼做對我的生命有什麼意義？需要把個中原理說清楚，才能讓人信受奉行。

各宗教都有相應的道德權威。比如基督教、伊斯蘭教的道德，是基於他們對上帝、眞主的信仰，而佛教道德是建立在緣起因果之上。遵循道德不是機械式地執行某種行爲，而是看到它所帶來的結果，以及這種結果對生命的影響。當然三世因果錯綜複雜，一般人看不清楚，所以我通常說的是心靈因果、當下因果。

比如道德行爲是立足於善心，反之則是立足於不善心。從心理學的角度，善心是健康的心理，不善心是不健康的心理，所以當我們踐行道德時，本身就在培養善心，可以使自己充滿歡喜；而當我們做出不道德的行爲時，就是在增長不善心，

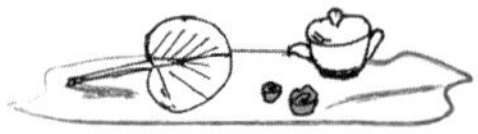

必然會使內心煩惱重重。這些行爲不僅會在當下帶來不同感受，還會影響生命成長，使人格得以提升或不斷墮落。當這些心理強大後，還會對他人乃至社會產生影響，帶來正面或負面的效應。這些效應又會透過眾生共同形成的場，回饋到我們身上。如果我們眞正認識到由因感果的原理，確認這是必然的，自然能自覺遵循道德。

朱：我接著善心會給自己帶來好的結果說。大約十年前，美國科學家請了二十多位藏傳佛教的高僧做實驗，讓這些修行四十年以上的高僧打坐，觀想慈悲心，另外又找了一組剛開始打坐的年輕人做爲對比。此實驗對慈悲心有具體的定義，比如觀想母親抱著孩子的感覺，或是父親看見孩子摔倒去把他抱起來的感覺。然後用核磁共振掃描他們的腦部，兩組實驗資料出來後就發現，這些長期修習慈悲心的人，大腦結構已經改變。當他們進入觀修時，大腦高度安靜，但有些區域又高度興奮，顯示佛教關於慈悲心的修行會影響大腦結構。因爲大腦隨時都在新陳代謝，如果人總是處在善良、慈悲的狀態，大腦就會朝這個方向發展，只要靜下來，這種心態就會出現。這些研究引起了科學界的重視。法師說的主要指因果報應，這個例子是用現代科學證明，慈悲會帶給自己好的結果。

主：中國傳統文化重視因果，也重視感應。在現代教育的背景下，可以從哪些方面讓大家充分認知因果和感應的現象？

朱：現代教育是從西方科學思維發展而來的，還沒有和佛家的因果結合起來。現在的學校對因果講得比較膚淺，無非是一個人品德高尚，就能受到大家歡迎，以後若有了機會，大家就會把機會給你。

在現代背景下解讀傳統

主：剛才講到，近百年來，我們套用西方的教育模式，包括思惟方式和學科模式，這些和中國傳統的思惟模式有什麼不同？更具體一點，這會對我們理解傳統文化造成什麼隔閡？

朱：中國在五四運動前後開始教育改革，廢止舊學，引進西方教育，最大的好處是把

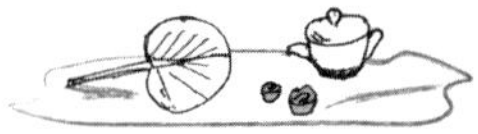

現代科學帶入中國，壞處是使功利思想非常盛行，做每件事都追求直接的好處，把儒釋道關於性命之學的部分都否定了。現在大家意識到傳統文化中有很多優秀的內容，如果否定這些，就像潑洗澡水的時候，把孩子一起潑了。所以人們希望在教育中加入傳統文化的精華，也做了一些嘗試，比如讓孩子學《三字經》《弟子規》等，都是這種思潮的反映。但要完整地包含進來，還需要長期實踐，需要付出很多努力。

濟：教育包括兩部分，一是教育方式，一是教育內容。在教育方式上，古代和現代的教育各有利弊，要根據實際情況一分爲二，才能融會貫通。在教育內容上，我們應該用什麼態度對待傳統文化和現代西學？近代以來，很多有識之士就此做了探討，得出的結論是「中學爲體，西學爲用」。

我們現在接受的西方教育偏向造物，偏向工具性的知識，而儒釋道的教育重點是提供觀念、價值和德行。對社會發展來說，這兩種教育相輔相成，如果僅僅強調科技，沒有正確的價值觀爲指導，那麼科技可以是第一生產力，也可以是第一破壞力，帶給人類的禍害顯而易見。只有立足於傳統教育的核心，重視人格和德行，在此基礎上再來接受科學技術，有體有用，才能充分發揮兩種教育的長處，運用科技更好地造福人類。

主：校長您做爲科學家，覺得現在的科技發展，能應對地球資源的匱乏嗎？

朱：科學在各個時代的關注點不同，就會往不同方向發展。十九世紀以來的主要追求，是讓科學爲人類創造更多財富，滿足人的欲望，讓人生活得更方便。現在回頭看，這種發展對環境造成了極大的破壞。可以預見，未來會往另一個方向，使科學發展和環境保護協調一致。比如我研究的是化學，這是對環境破壞最多的一個領域，現在就發展出綠色化學。

科學是人類創造的，往什麼方向發展，取決於人類的認識。科學其實是好東西，它在過去二百年破壞環境，是因爲當時的人短視，爲滿足私欲而不考慮其他。現在大家已經看到科學是雙刃劍，知道繼續破壞環境是人類的滅亡之路，自然會加以調整，往不破壞環境的方向發展。

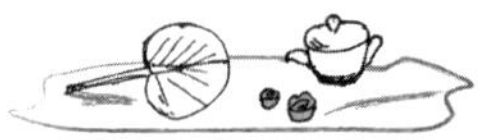

主：這非常像傳統文化講的陰陽太極，就是物極必反，否極泰來。那麼在發展方向上，未來需要培養什麼樣的科學家？

朱：說到科學對生態環境和人類社會的危害，更突顯了教育的重要性。這就需要呼籲全社會的關注，共同建立完整的教育體系，把學生培養成合格的人，不僅掌握科技知識，有研究能力，還具備高尚道德，知道怎麼做人，對社會有愛心、有擔當、有責任感，一切研究都考慮到對整個世界的後果。當這樣的人成爲主導，科學才會向有利於人類的方向發展。

濟：科學的研究者和使用者往往不是同一批人，很多時候，社會發展不是以科學家的良知爲導向，而是以某些人的欲望爲導向。科學家必定不希望自己的發明成爲武器，給人類帶來傷害。事實上，科技發展使武器有了前所未有的殺傷力。包括基因技術的發展，它的應用會帶來什麼後果，也是難以想像的。如果不提升全社會的道德素養，科學對世界造成的危害在所難免。缺乏道德底線的人越多，科學被用來作惡、造成破壞的機率就越大。所以要大力加強傳統文化的教育，提升民眾的整體道德水準，否則是防不勝防的。

主：佛教講「人成即佛成」，怎麼成爲這樣的人？

濟：「人成即佛成」，是透過佛教教育造就覺醒的人格。首先是認識到每個人都具有覺醒潛質，就像山中的礦藏，必須透過勘測找到它，才能以正確方法開採。其次是透過修行解除惑業，成就佛陀那樣的斷德、智德和悲德。當生命內在的無明被徹底瓦解，覺醒潛質被充分開發，就不再是普通的人，至少在某個層面和諸佛是無二無別的。也就是說，只有成爲覺醒的人，才稱得上「人成即佛成」。否則的話，即使做很多好事，也只是世間的善人而已。

孝道和尊師重道

主：中國傳統文化重視孝道，這對建立家庭和社會的倫理道德有什麼作用？佛教是怎麼提倡孝道的呢？

濟：以家庭來說，孝道是維繫和諧的重要因素。但儒家對孝道乃至各種德行的宣導，

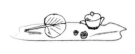

往往是立足於親情與血緣，基於宗族倫常的關係，這就會有時代的局限性。

在佛教中，是從知恩、念恩、報恩的角度建立孝道。父母給予我們生命，哺育我們成長，我們要認識到這是一份無與倫比的恩情，對此心懷感恩，然後基於這份感恩踐行孝道，做爲對父母的報答。這樣的孝道不是誰強加於我們的，也不僅僅是社會規則，而是出於人的良知。因爲沒有父母就沒有我們的一切，所以怎麼報答都不爲過。從這個角度認知，我們就會把盡孝做爲本分。

這種感恩也是愛心和慈悲心的基礎。如果一個人對父母都沒有感恩之心，怎麼可能對眾生有愛心和慈悲心？只有以孝順父母爲本分，才能推及他人，「老吾老以及人之老」，再進一步擴大到所有眾生。當我們把眾生當作親人那樣心懷感恩，還會傷害他們嗎？還會有人與人之間的對立和矛盾嗎？

朱：我從進化論的角度說，孝是有利於人類繁衍的文化。所有物種都是物競天擇，適者生存，爲什麼人類必須有孝才能存續呢？因爲兒女能孝順父母長輩，才使人們願意生兒育女。如果大家都不孝，誰都不願生兒育女，人類就會走向滅亡。所以，人類一定要有孝道才能發展下去。

濟：投入有回報，才願意投入。這些年生育率不斷下降，孝道缺失也是原因之一。很多人意識到養兒不能防老，很可能還被啃老，帶給自己種種麻煩，就沒有生兒育女的積極性了。

主：除了孝道，古代還特別強調尊師重道。據說黃帝當初三次求道，最後齋戒、沐

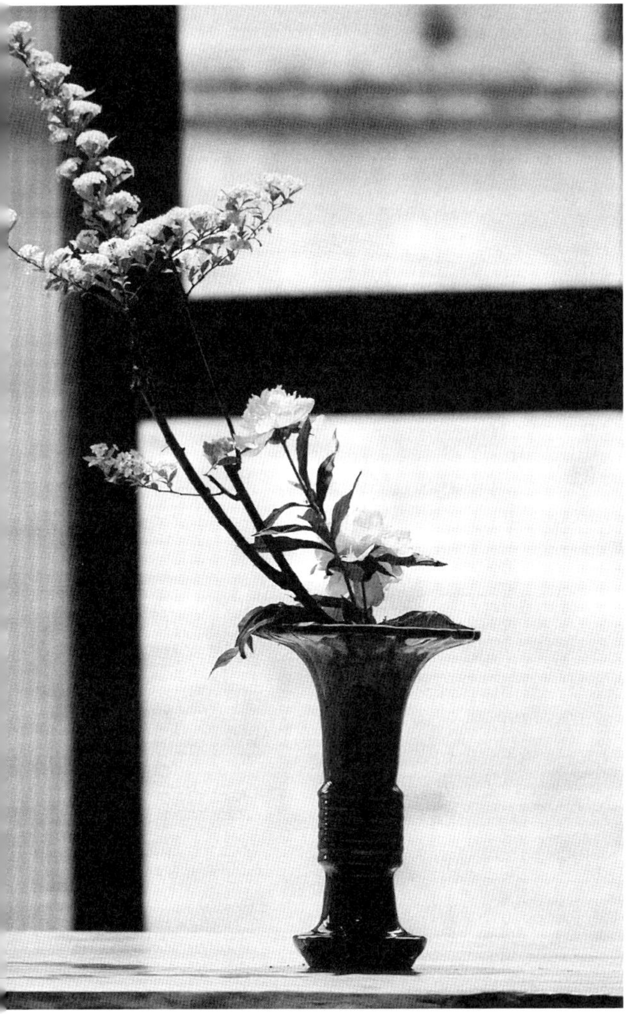

浴、匍匐而去，才求得《黃帝內經》。歷史上，還留下了斷臂求法、程門立雪等佳話。但在當今社會，不論教師在學生心中的地位，還是學生對教師的認知，都不再純粹，怎麼看待這個問題？

濟：斷臂求法和程門立雪體現了一種價值取向，代表古人對法的無限推崇。事實上，現代人爲了自己認定的價值，也會不惜一切。比如有人爲了牟利鋌而走險，觸犯法律，甚至還有人爲了得到電子產品去賣腎！問題在於，他們的價值取向錯了，這種付出只會帶給自己無盡的傷害。

學生怎麼看待老師，有學生的問題，也有老師的問題。傳統的儒釋道都是讓大家認識到，智慧、道德、高尚人格才是生命中最重要的，是眞正值得追求的。建立這樣的價值觀，老師才知道爲人師表的定位，學生才知道誰是值得尊重和效仿的。在佛教修行中，傳法的師長要有「具戒、具定、具慧、教富饒、通達眞實、德勝於己、善說法、具悲憫、精進、斷疲厭」的德行；求法的學生要有「質直、具慧、求法義」的素養。各安本位，才能建立如法的師生關係。

從責任心到知行合一

主：說到責任心，包括對他人的責任心，對社會乃至世界的責任心。傳統文化中有很多例子，如范仲淹的「先天下之憂而憂，後天下之樂而樂」，張載的「爲天地立心，爲生民立命，爲往聖繼絕學，爲萬世開太平」。在今天，我們怎樣把這種責任心傳遞給學生？除了立志和發願，應該有什麼樣的實踐？

朱：責任心，光靠說教是不行的，還要靠老師和周圍人的言傳身教，透過行動表現出來。如果學生看到的長輩都很有責任心，他們就會意識到，做人應該有擔當。反之，如果成年人處處表現得沒有責任心，學生自然會受到影響。

我有兩個眞實的例子，都是在南科大發生的。有個學生因父親打工受傷申請獎學金，他父親給學校打了電話，表示一旦傷好找到工作就不要獎學金。這個學生第二年果然打了報告，說父親已經有工作，不要獎學金了。另一例是最近發生的，有個學生成績不錯，但另一個學生發展更全面，綜合考慮，就把一個重要獎學金給了後者。結果這個學生的父親就來吵，學生也跟著吵，老師怎麼解釋都沒用。

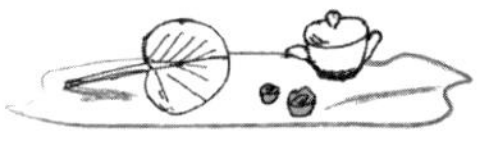

兩個人都是受到父親的影響，表現完全不同。可見在一個人的成長階段，受到的最大影響來自父母、長輩。如果這些人斤斤計較，孩子會覺得，我不計較就是吃虧。反之，像第一個父親那樣看重自身努力，孩子也會效仿。關於這些，如果只是開個講座說道理，學生未必聽得進去，但會看自己的父母、老師和周圍人是怎麼做的。

濟：在這個問題上，父母和老師確實會給孩子最直接的影響。這個影響是以信任爲前提，日積月累，在潛移默化中發生的，所以作用特別大。但影響只是基礎，眞正從認識到生命品質的提升，還是離不開教育。

「先天下之憂而憂，後天下之樂而樂」，以及「爲天地立心，爲生民立命，爲往聖繼絕學，爲萬世開太平」四句教，就是責任心的教育，而且是全方位的教育。因爲其中蘊含宏大的願心，如果沒有相應的視野、氣魄和素養，我們就領會不到其中的分量，以及對生命成長的意義。當我們接受相關教育，認識達到一定高度，才會覺得這種願心是理所當然的。只有這樣，生命才是有價値的，而眼前利益只是夢幻泡影，不應該過於看重。這些觀念主要來自教育。從佛教角度來說，就是要發起菩提心，以盡未來際地利益眾生為使命。只有接受佛教教育，看清生命眞相後，才會發現這是最有價值的選擇。如果不這樣做，生命是找不到意義的。一旦確立這種認識，形成必須如此的定解，做起來就不會太難。否則，在落實願心和責任心的過程中往往患得患失，甚至中途退轉，究其根本，就是認識上還達不到。

主：身教勝於言傳的案例，體現了知和行的關係。陽明先生非常強調知行合一，那麼，認知和行爲究竟是什麼關係呢？

濟：知行合一包含兩方面，一是做事，一是做人。從做事來說，學校教育不僅要傳授知識，還要培養學生的實際能力。我也一直鼓勵學生在修學的同時參與弘法，培養弘法的興趣和能力，這樣既能在大眾需要時發揮作用，也能在實踐中加深對法的認知，促進修學效果。從做人來說，學校教育通常偏於知識，佛學院也一樣。其實，佛法的重點不是經典，而是幫助我們瞭解自己。佛法給我們提供了智慧，

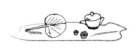

重點是用這種智慧來認識自己，觀察世界，思考並檢驗這種認識是否和眞相吻合，是否揭示了身心和世界的本質。

當我們透過觀察，確信佛陀所言眞實不虛，所學佛法才能眞正變成自己的觀念，進而以這樣的觀念指導生活，處理問題。否則，遇到問題還是會落入固有的串習和錯誤觀念，還是會製造煩惱和迷惑鬱結。只有在運用佛法智慧的過程中，才會讓法落實到心行，進而轉化爲人格和生命品質。

儒家道德也是如此，要從做人的角度來接受，而不是單純地把它當作道理。如果知道很多道理，對別人說得頭頭是道，但自己的觀念、言行絲毫沒有改變，一切還是沿用以往的串習，所學沒有在自身留下絲毫痕跡，就是知和行的脫節。這種知是沒有力量的，任何道理只有轉化成自己的人格後，說出來才是有力量的。因爲你就是這麼想、這麼做的，所說的一切都扎根在你的生命中。

3

當公共衛生遇到佛法

—— 與中國疾控中心首席專家曾光教授對話

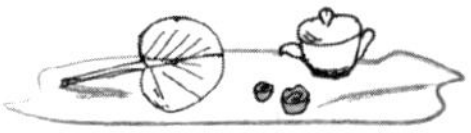

二〇一七年十月，濟群法師與中華醫學會公共衛生分會名譽主任委員、中國疾病預防控制中心流行病學首席專家曾光教授，在廈門阿蘭若處進行了兩次對話。兩人於二〇一五年初識，相見甚歡，即約長談。雖專業不同，卻有著共同的濟世悲心，以及共同關心的話題——天下蒼生的身心健康。從對話中可以看到，古老的佛法思想和年輕的公共衛生如何交流互鑒，解析人類健康的因緣。

古老的佛教與年輕的公共衛生

濟群法師（以下簡稱濟）：這次交流，對我來說是一個學習的機會。原來沒想到，公共衛生和每個人，乃至整個社會有如此重大的關係。這兩天看了些資料，包括曾老師的文章和訪談，感覺這項事業很偉大。在過去，人們更多關注的是經濟發展，卻忽略了自身健康，忽略了環境保護。這些正成爲日益突出的社會問題。公共衛生提出的口號是：建設一個人人都健康的社會。而佛教要做的，也是引導大眾擁有健康身心，創造人間淨土。在這點上，兩者的方向是一致的。

曾光教授（以下簡稱曾）：感謝法師的關注。公共衛生講的是公眾健康、群體健康，這個名詞出現才二百多年，而佛教已有二千多年歷史。年輕的公共衛生，向有著悠久歷史的佛教學習，我相信能有很大受益。

公共衛生的概念是從國外翻譯來的，本意是公眾健康（Public health）。爲什麼到了中國就叫公共衛生呢？這和時代的發展有關。公眾健康是太大的話題，我們的經濟還沒有發展到那個階段，醫學也達不到那個層次，社會承擔起公眾健康的責任是不容易的，但可以先做點什麼，比如防治傳染病、減少嬰兒和孕婦的死亡等，就是優先解決關鍵的群體性問題，所以命名爲「公共衛生」。

濟：各個學科的建設，雖然在時間上有先後，但身心健康的問題，在人類社會始終存在。只不過在不同時期，會以不同的方式關注。

佛教做爲優秀的中國傳統文化、一種宗教信仰，其本懷是普度眾生，引導社會大眾遠離痛苦，獲得安樂。公共衛生立足於西方科學的基礎，從預防、疾病控制等方面保障公眾健康。兩個領域在關注的對象和問題上有相通之處，我想，這種交

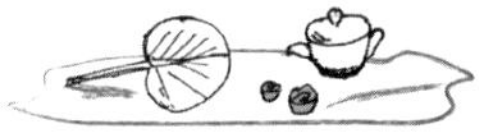

流是很有價值的。

曾：佛教產生於印度，但在中國得到了很好的發展和傳承。公共衛生在全球方興未艾，在中國快速發展。每個時代出現什麼問題，公共衛生就關注什麼問題，有些是人類共同的問題，有些是中國特有的問題。比如第二次世界大戰時，因爲傳染病、營養不良、難產、破傷風等影響，全世界人口的平均壽命不到四十歲，所以當時的公共衛生主要針對這些問題。西方國家最早擺脫這些問題，但又出現了新問題，比如心臟病、癌症、糖尿病、高血壓等。

就中國來講，既不像那些不發達的國家，還以防治傳染病、營養不良爲主，也不像西方國家，防治重點早已由傳染病過渡到慢性病。中國在快速變化，我這個年齡的人，年輕時吃不飽，能吃飽飯就很知足。如今社會滄桑巨變，大家不但吃飽了、住好了，還進入汽車、電腦和網路的時代。

現在的問題在哪？這代人一下子從營養不良變得營養過剩。爲什麼中國的糖尿病人數上升得那麼快？從八〇年代到現在翻了二十倍！體質突然轉變，就容易出現這樣的問題。西方國家胖子很多，但糖尿病的上升趨勢不像中國這麼迅猛。另外，隨著工業化、城鎮化、國際化、資訊化的發展，各種健康問題都出現了。公共衛生總是面對社會新出現的狀況，不斷地解決問題。

濟：從曾老師的介紹中，瞭解到公共衛生的產生，以及它在不同階段的關注點，和社會發展有很大關係。目前這個學科的定義是什麼？涵蓋的內容和範圍是什麼？要解決哪些問題？

我想公共衛生應該是手段，公眾健康才是目的。透過公共衛生的事業，最終達到「人人享有健康」這個目的。

曾：「公共衛生」一詞家喻戶曉，但很多百姓看到這四個字，往往聯想到「公共衛生間」。媒體怎麼理解公共衛生呢？每當傳染病流行期和重大自然災害發生時，要加強公共衛生，電視上出現的都是帶著噴霧器到處消毒的畫面，好像告訴全國人民——公共衛生就是消毒。媒體不瞭解還情有可原，學公共衛生專業的人，知道什麼是公共衛生嗎？也未必！因爲公共衛生學院教的是預防醫學，不是公共衛

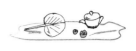

生，在根源上就有偏差。

我給公共衛生的定義是，「公共衛生是以捍衛和促進公眾健康爲宗旨的公共事業」，具有公有、公平、公益、公開、公信五個特點。其中，公信是讓百姓接受公共衛生知識，並在行爲上參與，比如傳染病流行了，如果百姓不參與，就不能控制疾病傳播。這是我們面臨的問題，特別想從法師這裡得到一些智慧啓發。

從生理健康到心理健康

濟：正如曾老師所說，大眾對公共衛生的瞭解很不完整。所以我們要探討的主要有兩點：一是公共衛生關注的具體問題有哪些？二是透過什麼方式來解決問題，保障公眾健康？剛才您說到疾病防治，我想這只是其中一個層面。據我瞭解，它是不是應該包括生理衛生、心理衛生，還有生活環境的衛生？

曾：我們把致病因素叫危險因數，比如生物因素是指病毒和細菌，這是貫穿人類歷史的主要病魔，特點是一人得了傳染病，大家都會受到威脅。SARS（嚴重急性呼吸道症候群）爆發的時候，中國死了三百多人，全世界死了不足千人，爲什麼引起那麼大的轟動和恐慌？一方面是疾病傳播的危害，另一方面是恐懼的傳播。可以說，恐懼比病原體的傳播威力更大。

當時如果北京人到廈門來，直接就被隔離了。因爲有謠言說，SARS病毒可以在空氣中傳播，北京人身上都帶著病毒，所以要立刻隔離。我們不但要控制傳染病流行，還要應對謠言。

濟：如果說公共衛生關注的內容，包含了生理衛生、心理衛生和環境衛生，現在是不是已全面推動？

曾：我們是從關注生理健康起步的，比如研製疫苗、使用抗生素等。現在已經做到第二步：關注環境。這的確是一大進步。政府大力治理污染，很多工廠都被關停，政府工作報告中也把整治PM2.5（細懸浮微粒）做爲僅次於經濟發展的指標。現在的弱點在哪？我覺得正是您剛才說到的心理健康，還沒有眞正顧及。

濟：這和中國社會的發展有相當關係。在過去的年代，大家覺得有錢能吃飽穿暖，就很幸福了。近幾十年來，隨著經濟的飛速發展，很多人富起來了。但在發展過程中，除了給環境造成極大的污染，也給人心帶來極大的污染，導致種種心理問題。這都是我們爲發展付出的代價。

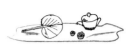

單純從經濟條件來說，今天很多人過得並不差，但眞正感到幸福的其實不多。沒有了物質匱乏的煩惱，卻依然不能滿足，依然沒有安全感，甚至出現種種心理問題。我在弘法中接觸過不少企業家，他們在事業剛起步時，拚命追求成功，很有目標，感覺很充實。但成功後反而找不到價值感，反而不知道活著是爲什麼了。

在過去，人們認爲身體健康才是問題，很少意識到心理也需要健康。而在心理疾病日益普遍的今天，人們開始瞭解到，心也是健康的重要組成部分，是感受幸福的關鍵。此外，環境污染帶來的問題也讓人意識到，環境對人類生存多麼重要。尤其在經歷城市日益嚴重的空氣污染和喧囂後，越來越多的人想要回歸自然，在青山綠水間過一種田園生活。

公共衛生這個學科，需要引導民眾認識——什麼才是整體的健康。健康不僅是身體的，也是心理的，還是環境的。

曾：法師對公共衛生的要領無師自通，這個理解和世界衛生組織對健康的定義頗爲接近。世界衛生組織認爲，健康是三維的，第一是生理的健康，第二是心理的健康，第三是良好的社會適應能力。

經濟快速發展，我們重視不足的不僅是心理健康，還有社會適應能力。人爲什麼活著？爲什麼而努力？這是很重要的認識。比如各種假冒僞劣商品、違規食品對人的危害，都是道德墮落引起的社會問題。

濟：從個體來說，人人都有追求健康的需要。但健康是綜合的概念，不僅要有健康的身體，還要有良好的心態、健全的人格、高尚的生命品質，這才是理想的人生狀態，也是建立和諧社會的基礎。當今社會的各種亂象，從空氣污染到各種假冒僞劣產品，其實都和人有關，和欲望、貪婪有關，和種種心理問題有關。如果民眾沒有健全的人格，就不可能有健康的社會。

講到衛生，怎麼來定義「生」？這是一個重要概念。多數人可能理解爲生活環

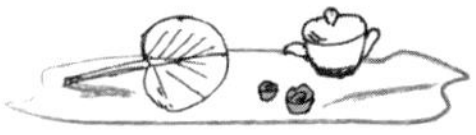

境，我看到有些詞條上的定義是生命——保衛或維護健康的生命。生命，離不開物質和精神，隨著社會的發展，多數人有了基本物質保障，但精神層面的問題並沒有因此減少，甚至越來越突出。所以對今天的人來說，擁有健康的心態、人格、生命品質，其實更重要。

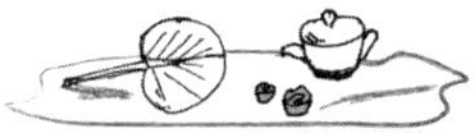

立足於這一點，我想可以更好地解決公共衛生領域關注的問題，保障大眾健康，因爲身體健康離不開心態，也離不開環境。中醫自古以來就認爲，情緒會導致五臟六腑的不同病症，現代統計也證明，與情緒有關的疾病已達二百多種，在所有患病人群中，百分之七十以上都和情緒有關。至於空氣、水源等環境污染和食品不安全造成的影響，大家更是有切身體會，現在癌症發病率那麼高，就和整個大環境有關。

健康是整體概念，推動公共衛生事業同樣應該從多方面著手，而不是局限於某個方面。

從公共預防到道德預防

曾：您的解讀令人耳目一新。怎麼獲得健康？我們有個理論是——預防爲主。三級預防中，第一級是預防疾病發生，比如接種疫苗、限鹽、戒煙、少飲酒；二級預防是盡早發現疾病，比如定期體檢，有問題及時治療；三級預防是已經有病了，減緩疾病的發展速度。

以上三級預防事關每個人，也需要政府的參與。比如第一級預防，要接種什麼疫苗，投入多少錢？怎樣保障疾控系統的有效運轉？都需要政府做出決策。第二級和第三級預防涉及救死扶傷的人道主義，政府要關心醫療的公平性和可及性，以及醫療投資效率，讓百姓盡早發現疾病，看得起病，患大病後能得到更多關懷。

更重要的是政府公共衛生政策，如果沒有好政策，可能花很多力氣也沒有成果。比如煙草在世界氾濫的原因，可歸結爲煙草成癮、煙草經濟和煙草文化三方面。如果政府的控煙政策僅僅針對煙草成癮一方面，即使下大工夫宣傳「吸煙有害健康」，在公共場所張貼戒煙廣告，勸說吸煙者戒煙，都很難使吸煙率下降。美國紐約市政府意識到這點後，連續數次提高煙草稅，使捲煙價格大幅度提高，短短幾年內，使百分之三十的煙民戒煙。另外，在煙盒上用百分之七十的面積印上肺癌等吸煙後果的警示圖，比印上「吸煙有害健康」的提示，控煙效果好得多。國外的經驗證實，透過改變煙草文化的生態，使吸煙者每次買煙都受到刺激，又能促使三分之一的煙民戒煙。

公共衛生的責任在誰？我認爲，政府應該是預防的第一環節，我稱其爲「零級預防」。政府要眞正做到預防爲主，制定科學、有效的公共衛生政策，而且保障機構編制與經費投入十分重要。其次是公共衛生機構，這是負責百姓群體健康的專業機構，重要性不言自明。它提供服務的內容、品質及應急能力，必須與時俱進，不斷加強。第三是醫院要負起責任。二千多年前，扁鵲就提倡「上醫治未病」，好的醫生不僅是給百姓看病，也要宣傳防病知識。

此外，公共衛生和各行各業都有關係。比如農業要確保食品安全，從種植、生產到運輸、加工、銷售，能不能杜絕假冒僞劣？對於進口食品，海關邊檢能不能把傳染病擋在境外？總之，眞正做好公共衛生，涉及面是非常廣的。

濟：一方面，政府的作用非常重要，是從社會層面提供保障。另一方面，需要發揮每個人的自覺性。古人說的「治未病」就是一種預防，但這種預防偏於個人。怎樣在更大範圍內有效預防？關鍵在於，大眾有正確的養生觀和相關常識。

中國古代提倡的養生，往往以佛家、道家等思想爲基礎，從身和心兩方面加以調整，所謂「修身養性」。從普通民眾到知識分子，透過信仰或學習佛法，能自覺地遵循道德，規範行爲，保有良好的生活方式和處世心態，這是身心健康的重要基礎。

如果一個人不能自覺自律，不必說傷害健康的事，即使是砍頭的事，也有人鋌而走險。這就需要從源頭改變，提高自身的修養和境界。佛教的戒律，就是引導我們過一種簡樸、規律、有節制的生活；佛法的智慧，則能引導我們正確認識人與人的關係、人與社會的關係、人與自然的關係。

認識提高了，我們才能建立有益身心健康的、可持續發展的生活。中國是家天下的社會，很多人心中只有家庭，沒有社會，這一觀念導致大眾的公益心不是很強。西方哲學講二元對立，人與自然是主體和客體的關係，客體要爲主體服務，每個人要張顯自我，實現自我價值。而佛教提倡的平等觀告訴我們，人與人、人與社會、人與自然的存在是一體的，人也是自然的一部分，一榮俱榮，一損俱

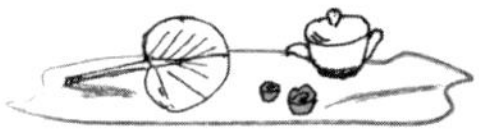

損。此外，佛教還以無我的法義，引導我們從根本上消除人與人、人與自然的對立。

在今天，很多人對道德不屑一顧，甚至擔心自己遵循道德會吃虧。從佛教角度來看，遵循道德最大的受益者恰恰是自己。每個人都想讓生命更美好，如果不顧及他人，不顧及社會和自然環境，必然給自己帶來傷害，其次才會給他人乃至環境帶來危害。

所以說，道德行爲需要以智慧的認識爲前提，知道這麼做首先是基於自身的需要，而不僅僅是社會對你的要求。如果沒有認知到道德和自身的關係，我們探討道德，推行道德，很容易流於形式。而當社會的整體道德水準不足時，推進公共衛生會有很大的難度。

曾：的確，提高素養是全面的，不單純是健康素養的問題，也關係到道德素養、文化素養，甚至倫理素養。社會發展不能顧此失彼，尤其不能忽略道德和心理健康這樣的軟指標。GDP（國內生產毛額）容易度量，PM2.5也可以常規定量檢測了，而心理健康不好度量，道德素養也不好度量。但健康、道德、文化、倫理都是發展的核心要素，關係到社會和諧和國民千秋萬代的福祉。如果對這些問題認識不充分、不重視，經濟再發達也不是理想社會，也不等於幸福的社會。我很認同法師的觀點，雖然我們從事的事業不同，但大道相通！

濟：歸根結柢，還是要回歸人的本身，關注和解決人自身的問題。我想，不管是佛教還是公共衛生，在這一點的確是共通的，只是切入點和關注方式不一樣。

以「不變應萬變」的佛教

曾：公共衛生的發展是應運而生的，因爲出現各種問題，公共衛生領域才不斷地充實、擴大。佛教是否也是如此，還是因人而生的？是不是沒有釋迦牟尼佛就沒有佛教？如果沒有釋迦牟尼佛，會不會出現另一個佛，只是因爲社會需要信仰？千百年來，社會的變化這麼大，可是我覺得佛教變化不大，寺院總是供著這些佛

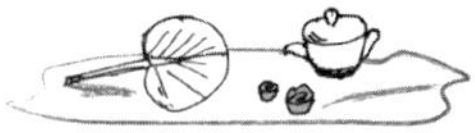

像。佛教怎樣適應變化這麼快的世界？

濟：這是很有意思的問題。談到佛教，首先要從印度文化說起。中國文化關心的是做人做事，是修身、齊家、治國、平天下，這都屬於現世的問題。而印度文化關注的不僅是這一生，還包括生命的過去和未來。印度是宗教非常發達的國家，最早的婆羅門教已有三千多年歷史，佛教也有二千五百多年歷史。佛經記載，佛世時，印度就有九十六種宗教。很多修行者在坐禪過程中，會出現種種宗教體驗，他們就根據這些體驗，發展出各自的理論和修行體系。雖然這些宗教形形色色，但普遍關注輪迴和解脫。

印度人發現，每個生命都有永恆的困惑，看不清自己，不知道我是誰，也看不清世界眞相，不知道生從何來、死往何去。如果找不到答案，生命就會在無明、惑業中輪迴。修行正是爲了解決這些問題，超越輪迴，走向解脫，這才是健康生命的眞正意義。

一般的人，不論是做企業、搞藝術，或從事某項研究，往往只關注自己的事業或學科本身，卻忽略了人自身的問題。我曾在《企業家的人生戰略》中講到，因爲我們接受的文化不同，所以關注的問題也不同。如果我們接受的是商業文化，可能這一生都是爲事業活著，以爲把事業做好，企業做大，人生就是成功的。如果我們接受的是儒家文化，關注點就是如何做人，如何立功、立德、立言。如果我們接受的是佛教文化，才會將關注點著眼於生命的過去、現在和未來，不僅重視今生的成功，還要考慮未來的成功。

有了這樣的視野，才會深入地探究生命：人到底是怎麼回事？如何透過修行擺脫內在的魔性，開發人性的光輝？要實現什麼樣的人生價值和生命品質，才不愧對今生？宗教之所以有永恆的魅力，就是因爲它立足於人類永恆的需要。

佛教是因爲有釋迦牟尼佛證悟、說法、成立僧團而出現的，但佛陀並不是佛法的創造者，而是發現者。他所發現的，是宇宙人生的眞相，過去如此，現在如此，未來還是如此。這點和任何學科不同，他是直達本質，而不是逐步探索、推進的。

但佛法在世間的流傳是與時俱進的。佛陀一生說法四十五年，會根據不同人的根機因材施教，所以佛教有八萬四千法門。就像要到達同樣的目的地，但對不同的人指引不同的途徑——前山、後山、左路、右路。有的路好走，但距離長；有的路難走，但距離短。此外，佛教歷經了不同路線的傳播，有傳入緬甸、泰國的巴利語系佛教，傳入中國、日本、韓國的漢語系佛教，傳入藏區的藏語系佛教。

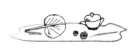

在這些傳播過程中，始終遵循契理契機的原則。契理，是忠實傳承法義，不歪曲；契機，是指佛教傳入不同的時代和地區，面對不同的文化和習俗，而有不同的表現形式。世界雖然變化很大，但人心和人性並沒有本質的不同，還是那些貪瞋癡，還是那些凡夫心，只是程度更嚴重罷了。從這點而言，佛法解決的根本問題並沒有變。正因爲如此，佛教才能一直傳承下來，並受到越來越多的關注。可以說，在人心特別混亂的時候，佛教就更加重要了。

曾：我對佛教不是很懂，但想請教一點。《西遊記》中到西天取經，西天就是指印度、尼泊爾吧？給人的印象是，佛陀把各種問題都悟明白了，然後建立了完整的理論體系，芸芸眾生都希望從佛陀那裡獲得智慧。

這和自然科學不太一樣。自然科學是隨著對事物眞相的認識，不斷發展完善的。公共衛生也是如此，爲應對來自社會和自然的問題，應對危害健康的因素，方法、對策和理論都要不斷發展，最忌故步自封。不變的，只是公共衛生人的愛心而已。而佛教好像有一種定力，以其深厚的理論基礎，以不變應萬變，不論世界發生什麼變化，這些基本理論都可以解釋。您剛才說佛教有八萬四千法門，是不是對各種變化都有預見，不論將來如何發展，都跳不出這個範圍？

濟：您發現的特點，確實是佛教和科學最大的不同。我曾多次和心理學家們對話，也說到兩者的區別：佛教是自上而下的，心理學是自下而上的。包括科學，很多人將此等同於眞理。事實上，科學始終處於發展中，尤其是十六世紀以來，從經典物理學到相對論、量子力學等，各種曾經的定論被不斷推翻。究竟什麼是眞理？只能說，科學的發展過程，是接近世界眞相的過程。

從另一方面來看，科學發現也在不斷印證佛陀所說。西方從地心說到日心說，到哈伯望遠鏡的出現，發現宇宙中有無量無邊的星球，經歷了漫長的過程，而佛教早在二千多年前就有相關的認識。在《華嚴經》《般若經》等佛經中，關於微塵數世界、恆河沙數世界的描述比比皆是。而從微觀世界來說，量子力學所說的波粒二象性，和佛教「色即是空，空即是色」的思想也有相通之處。量子力學認爲，世界並不是客觀、獨立的存在，我們在認識世界的過程中，不是單純的觀察者，本身就是參與者，正是這種參與，決定了認識物件的存在。在佛教的唯識經典中，早已將這一思想及其原理闡述得很清楚。

佛陀所說的法，是他親自體證的終極眞理，任何人只要按照佛陀指引的道路修行，同樣能體證這個眞理。所以佛法並不只是說法，更不是玄想，而是可以反覆實證的。在這點上，學佛和研究科學一樣，需要有求眞精神，但和科學實驗不同的是，修行所證比較偏向個人化，所謂「如人飲水，冷暖自知」。我證悟的只能自己知道，無法做個試驗給你看，讓你感同身受，即使全都告訴你，你知道的也只是概念，除非你這樣去做。

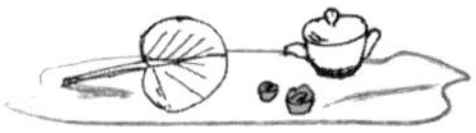

歷代祖師大德在這條路上修行、證道，並從不同角度對這一理論體系做出詮釋，以符合此時、此地信眾的需要。從終極眞理的層面來說，法爾如是，過去、現在、未來都是如此，沒有發展和提高的現象，但在表現方式上，是可以發展，可以與時俱進的。

曾：您講的有點深奧，我得透過自己的消化來理解。公共衛生學科是建立在自然科學和社會科學的基礎上，我的專業是流行病學，養成了宏觀分析和邏輯推理的習慣。與您對話，使我對您講的以不變應萬變產生了濃厚興趣。社會和自然環境在不斷變化，而佛教還是佛教，應該有其存在千秋萬代的道理。

目前從事公共衛生的人，將主要精力用於不斷認識和應對外在變化對健康的威脅。雖然也宣傳要關注群體的心理健康，但相對個體心理健康而言，理論和實踐都很不足。我相信，人內心世界的形成也有相當恆定的存在基礎。千百年來，人和動物的基因一代代遺傳，大腦的結構和信號傳導功能沒有太多的變化，人的七情六欲自古如此，更深層的內心世界除了瞬息萬變的反應外，一定有萬變不離其

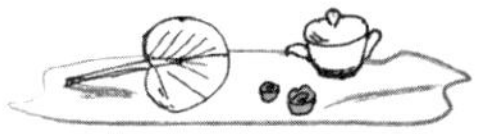

宗的方面。因此我認爲，佛陀是悟透人類內心世界各種型態的祖師爺，不知我的理解是不是有一定道理？

濟：佛法揭示的是宇宙人生的眞理。雖然社會在發展，但從人性來說，在二千多年的發展中，並沒有太多提升。

曾：春秋時代的學說，不論「人之初性本善」或「人之初性本惡」，現在都還存在。

濟：人性有兩個面向，既有良知良能，也有另一面，佛教稱之爲貪瞋癡。癡就是無明，看不清生命的眞相，世界的眞相，從而產生錯誤認知。在此基礎上，人最大的特點就是貪，總想牢牢地抓住什麼，希望事業永恆，希望生命永恆，希望感情永恆。此外還有瞋，把自己和世界對立起來，和他人對立起來。很多心理疾病都和這三種病毒有關，比如焦慮、恐懼、沒有安全感，總是活在自己的認定中，希望擁有的東西天長地久，但世間一切都是變化無常的，當事與願違時，痛苦就在所難免。

釋迦牟尼佛來到世間，透過修行證悟，爲我們揭示了世界形成的原理——因緣因果。佛教不認為世界是神造的，也不認為世界是偶然的，一切存在都是因緣決定的。所謂因緣，就是由眾多條件形成某種結果，其中包括親的因緣和疏的因緣，各種條件具備，就構成事物的現象。除此之外，找不到永恆不變的存在。

從緣起看現象，有兩個規律：一是無常，所有現象都是變化的，不會永恆不變；一是無我，所有現象都沒有獨立存在、可以自我主宰的本質。我們把身體當作是「我」，但身體和我們只有幾十年的關係，包括家庭、事業、想法、經驗……這些都是條件的存在，如果執著這些變幻不定的現象，把它們當作是「我」，就會引發煩惱。可以說，所有煩惱都源於對自我和世界的錯誤認知。

此外，佛教常用的一個表述是「空」，這並不是否定現象的存在，而是告訴我們，一切都是條件、關係的假相。比如扇子是什麼？離開條件關係，根本沒有所謂的扇子存在。我們在各種條件組成的現象上安立一個假名，把它叫作「扇子」，其實也可以叫其他名稱。但在一般人的概念中，看到「扇子」時，就認為它是獨立的存在，沒考慮條件的因素。

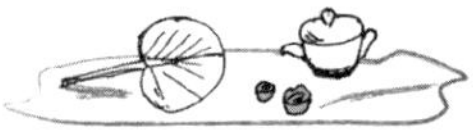

從佛法角度看，任何現象既是空的，也是有的，這種空和有是一體的。正因爲存在的只是假相，所以它是無常變化的，這一規律具有普世性、永恆性，可以在任何現象上檢驗。

曾：謝謝法師把佛法中最基本的「小學課程」講給我聽，我覺得收穫很大。這些內容我以前也略有所知，之所以要請教，是想要一個權威的解釋，您的角度很確切。事實上，因緣因果是一切領域的共同原理，從公共衛生來說，我們預防的就是因，透過努力，想要取得好的果。

從佛法視角看人心與人性

曾：您提到人的劣根性，那是內心世界的污染源，必然會表現出來，污染外部世界、破壞人際關係。公共衛生主張透過改變人的行爲，來促進健康和社會和諧，但現代社會中，很多關係被扭曲了。我特別想知道，從佛教的角度怎麼理解這些關係？比如佛教中有師徒關係，家庭中有父子關係，醫療中有醫患關係等。

從公共衛生的角度看家庭關係，很多年輕人重視給孩子接種疫苗，對家裡的老人卻不重視。父母對孩子的付出，與孩子對父母的付出，相差越來越大，這種現象已經司空見慣。事實上，子女孝順與否對老人的生理和心理健康有重要影響。此外，師生關係在十年浩劫中被嚴重破壞，當前的醫患關係也比較緊張。凡是倫理問題都與人的劣根性有關，這些對健康太重要了。那麼，佛教怎麼看待這些關係，怎麼維護人間倫理？

濟：從佛教來說，不論是師生關係，還是父子關係、醫患關係，都是緣起的。中國傳統文化重視做人，因爲做任何事都離不開做人，所以師生間要有師道尊嚴，家庭中要有長幼尊卑，治病救人的醫生更要有德行和操守。在過去，雖然也會有人離經叛道，但大家在這樣的文化教育和社會背景中，總體上還能保持基本水準。五四運動後，我們接受了很多西方文化，其實西方也有建立在信仰基礎上的道德體系，但我們在接受西學的過程中，只關注其中科技、商業的部分，並不完整。雖然當時洋務派提出了「中學爲體，西學爲用」的理念，但並沒有有效落實。而

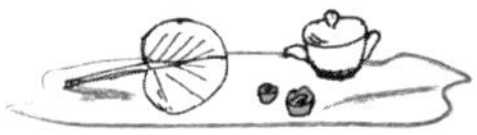

在此後的發展過程中，傳統文化更因種種原因出現斷層，從家庭、學校到社會，很少能接受到關於做人的系統教育。

尤其在近幾十年的經濟浪潮中，整個社會急功近利，師生關係也不同程度地演變爲服務者和消費者。很多老師只是從事這樣一份工作，能對學生投入多少感情和精力？醫患關係緊張，也和利益有很大關係。爲什麼很多患者對醫生不信任？因爲確實有些醫院以利益爲導向，部分醫生也缺少過去那種懸壺濟世的悲心，過分看重利益。

而從家庭關係來說，很多人糊裡糊塗就當了父母，自己還不懂得怎麼做人，怎麼有能力教育兒女？現在的整個教育，要求學生培養更多技能，在社會上獲得成功，但缺乏做人的教育、生命的教育。

這些都是導致關係混亂的根源。要建立正確的關係，離不開文化和教育，所以我們還是要回歸儒釋道，回歸傳統文化的軌道。從儒家倫理來說，主要是在宗法制的基礎上，建立師生、父子、朋友等各種關係。雖然儒家也宣導仁愛精神，但對這些關係的維護，更多是出自家族的要求、社會的要求，而不是自身的需要，隨著大家庭的解體，這些倫理道德的基礎也受到影響。

從佛教來說，特別提倡知恩報恩，不論是父母和兒女之間，還是師生、醫患之間，一方要有慈悲心，一方要有感恩心，這是建立和諧社會的基礎，也是提升和完善自我的基礎。說到慈悲和感恩，很多人可能覺得只是空洞的說法，但佛教有一整套的理論，告訴你爲什麼做人要有慈悲心和感恩心，這樣做對自他雙方有什麼利益，怎樣才能生起這樣的心。接受這些教育後，才能把正確觀念落實到心行，落實到生活中。

人是什麼？其實是文化的產物。接受不同的教育和社會習俗，最終會造就不同的觀念、心態和生活方式。如果缺少教育，身邊也沒有榜樣，人的自私本性就會充分暴露，導致每個人都以自我爲中心。所以教育非常重要，尤其是宗教背景的教育，很多時候道德能產生作用，並不在於道德本身，而是背後的力量。依基督教和伊斯蘭教建立的道德，其作用來自對神的信仰；而佛教的道德觀是立足於因緣

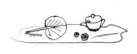

因果，讓我們知道，遵循道德會帶給生命什麼樣的成長，反之亦然。

如果沒有信仰爲背景，道德制定的行爲準則就會顯得空洞。就像很多人說的那樣：我幹嘛要這麼做？這麼做是不是傻瓜？會不會吃虧？因爲凡夫是以自我爲中心的，如果沒有認知到利他的好處，是不會主動去做的。如果我們在成長過程中，接受一種慈悲、智慧的文化教育，形成相應的人生觀，身邊也有很多人在這麼做，而且做了之後，師生關係其樂融融，家庭關係其樂融融，醫患關係其樂融融，就不會質疑「我幹嘛要這麼做」，而是很自然地就做了。所以一方面要教育，一方面要形成大環境，這是不可缺少的。

曾：這個問題我有一點思考。做公共衛生和學佛有個共同點，都需要有慈悲心。因爲這項事業的重點要面對弱勢群體，尤其是那些缺乏教育和常識的人群，對他們展開宣傳的難度很大，而且這些人又最容易被誤導。如果沒有大愛之心，很難堅持下去，更何況，不少人初衷就不明確。我們團隊中的一些人，當年報考醫學院校時，首選是臨床醫學，可是考試成績略差幾分，就被公共衛生專科錄取了，開學後還不知道公共衛生是做什麼的。這種現象一直沒有改變，一代代人都是如此！要把不得已而爲之的人教育成具有愛心的人，以公共衛生爲使命的人，是了不起的事業，甚至需要終身教育。雖然我們體系的多數人都熱愛公共衛生工作，但總有一部分人，只想暫時做公共衛生，將來還準備離開，表現爲定力不夠，改行跳槽的人不少。爲什麼？守不住清貧是主要原因，還有就是不願意總是接觸這些社會弱勢群體，缺乏心理準備。

我想瞭解，出家也要守得住清貧吧？佛教界跳槽的人多嗎？如何培養這種定力？出家人怎麼樹立榜樣？有人問過您這樣的問題嗎？這問題好像很俗，但我眞的是想取經。

濟：信仰和工作不一樣。在社會上找工作，首先考慮的是生存，是改善生活。而信仰是立足於精神追求，如果爲了生存，或帶著謀利的心進寺院，是做不好出家人的。這在佛教中屬於發心不正，動機不純。當然，佛教本身就是一種教育，不管開始是什麼動機，都可以幫助改造，關鍵是要有一個生態環境，給予正向的引導。

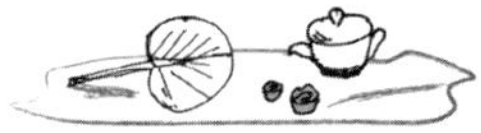

公共衛生系統做爲一個行業，首先離不開整個社會的大環境。當大環境總體比較功利，必然會波及各行各業。其次，這個行業自身的生態系統也會產生影響。在同行中，是不是有很多人眞正獻身於這個事業？能不能看到高尚的人格和榜樣？第三是相應的教育。對於進入公共衛生領域的人，不管他當初帶著什麼動機而來，只要進入這個系統，就有一套機制，把他教育成符合要求的從業者。如果有良好的生態環境和教育機制，最初的動機並不重要。

事實上，慈悲心並非天生就有，是需要透過教育培養的。我曾在深圳爲清華EMBA（高階管理碩士班）的企業家們開講「企業家的慈善精神」。很多企業家做慈善時，不一定純粹出於愛心，也會有各種動機。如果這樣的話，當結果不符合預期，或做的過程中遭遇挫折，就會很痛苦。所以我想提醒大家，首先要培養慈悲心，傳承愛的文化，包括儒家的仁愛，基督教的博愛，還有佛教的慈悲大愛。眞正認同這種愛的文化，再來做慈善時，就會有源源不斷的精神力量。

擁有慈悲大愛，會讓你的心態和人格得到改變，生命品質得到提升，同時會讓你增長福報。因爲你的人緣會更好，社會大眾對你的認可程度會更高，做事自然也就更容易。當人們看到，這麼做不僅是社會的需要，最大的受益者首先是自己，自然就願意去踐行。所以關鍵是把教育做好，把其中的原理講清楚。如果只是說要多做好事，要全心全意爲人民服務，卻沒有讓大家知道這麼做的好處，是沒有多少說服力的。

曾：我在美國時出於好奇，見識過基督教的活動，也感受到他們的優點。比如第一次去教堂的陌生人，他們都要作介紹，大夥熱烈鼓掌。有次是捐獻活動，因爲教堂的窗簾太舊了，要換新的，募捐過程中，兩個教徒各站一邊，向大家傳遞銀盤子，每個人自願投錢或支票。結束後不宣佈誰捐了多少，沒捐的人不覺得尷尬，捐的人也沒什麼榮耀。雖然支票有簽名，但從不公佈，鼓勵人連名義的報酬都不要，接受這種教育的話，只有眞正想捐的人才會去做。而我們有的單位組織捐獻，誰捐獻棉鞋一對，誰捐獻衣服多少，誰捐獻幾十塊錢，都要列出來，紅榜一貼，捐多的很光彩。相較之下，我覺得前面那種捐獻方式挺好，大愛不留名，淨

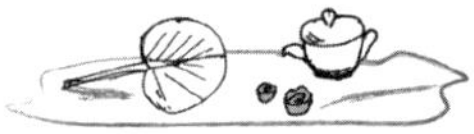

化心靈。您同意這種觀點嗎？

濟：培養慈悲心，對大眾來說有個過程。雖然高調行善容易引起非議，但總比不做要好。佛教中，佈施包括有相佈施和無相佈施等不同層面。所謂無相佈施，即不執著佈施的「我」；不在乎佈施的對象是誰，會不會回報自己；也不衡量佈施的物品是什麼，比如貴重的就捨不得佈施。純粹是出於慈悲，看到別人有需要，自然就去捐獻，就願意幫助對方，此外沒有任何想法。捐獻後也不執著我對他有什麼幫助，不執著他因我而受益，應該對我怎樣，所有這些分別都沒有，做過就做過了，這在佛教中叫作「三輪體空」。但一般人還是會有我相，有我執，覺得不留名就不開心，這是可以理解的。在某個階段，這種方式的捐助既是對他行善的鼓勵，也是對其他人的促進。

曾：比爾·蓋茲是世界上著名的大慈善家，而巴菲特是捐錢給蓋茲基金會最多的人之一。他覺得蓋茲基金會做得好，錢捐那裡很放心，何必自我留名，再建立什麼巴菲特基金會。但十年後，他要找蓋茲算帳：我捐出的錢，基金會做了什麼，獲得哪些成果？這件事在全世界傳爲美談。從這樣的捐獻中，確實可以看到人的境界。我還有個問題是，一些公共衛生從業者好心好意做事，有時卻不被理解，甚至被攻擊，應該如何看待這些現象？

濟：這種現象在社會上還不少。我們爲什麼覺得自己受委屈？爲什麼覺得被傷害？其實是因爲內心有一種設定，覺得自己做了件好事，結果應該是好的。但佛法告訴我們，不要活在自我設定中，要學會用緣起的眼光看問題。如果你有設定，確實會覺得某些事簡直莫名其妙，忍無可忍。當你從緣起來看待，就會接納一切現實。你會認識到，任何一個人的存在，他今天有這樣的想法、心態、人格，會說出這樣的話，做出這樣的事，都是正常的。

當然，正常不等於正確，更不等於我們要因此順從對方。但在理解和接納的前提下，我們會更理性地看待對方，更善巧地處理問題。未來遇到同樣情況時，還可以把這些現象放在評估範圍內，重新考量，究竟做還是不做，如何避免這些問題。有了這些思考，你在做事過程中會更坦然，更有承擔。所以說，改變認知非

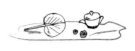

常重要。

去除心理病毒，守護同一健康

曾：我想知道，信佛的人會更健康嗎？包括生理健康和心理健康？你們有沒有對出家人的健康狀況做過調查？有沒有這方面的統計資料，還是自己這麼認爲？

濟：我們沒做過大數據分析，沒辦法絕對地說，有信仰的人一定是健康的。事實上，很多人雖然信佛，但並沒有得到正確引導。比如有人跟隨的老師就有問題，也有人自己盲修瞎煉，學得很混亂。那樣的話，他不僅沒辦法透過學佛解決原有的人生問題，還可能因此帶來很多學佛的問題，這種現象也不在少數。

如果有正確的引導，具備正確的學習態度和方法，他的觀念、心態、生命品質一定會有所改變，一定比過去活得更健康。在我們的三級修學系統中，這樣的實例數不勝數，這些學員的身心健康程度會超過大眾平均水準，我很有信心。

曾：學佛者的健康指標可以透過流行病學調查來證明，而且生理健康和心理健康都可以測量，如果有好的結果，將有利於佛教的發展。可以將寺院中的出家人、居士，和社會上同樣年齡、性別的人歸爲兩組，採取對照調查的方法得出對比資料，其實並不難做。如果需要，我們可以提供說明。

濟：我想，未來可以對三級修學系統的學員們做一次大數據的健康評估。佛教中有關「清淨」的概念，和公共衛生有相通之處。我們希望身體和環境保持衛生，必須消除種種污染源。修行的重點，則是要消除內在的心靈病毒，佛法認爲，每個人都有「貪瞋癡」三毒，這是一切心理疾病的根源。比如現代人常見的抑鬱症、焦慮、恐懼、沒有安全感等，多少和貪有關。因爲貪，總想抓住什麼，但世間一切都是抓不住的，欲求而不得，痛苦、煩惱就接踵而至了。從佛法來說，心是一切問題的根本，心理問題會影響到身體，也會影響到環境。因爲欲望的不斷膨脹，人們毫無節制地開發自然，索取資源，使地球遭受了幾乎不可逆轉的破壞。

曾：從公共衛生的角度來看也是這樣。我們現在面臨的很多新問題，涉及群體的主要來自貪和癡，瞋更多表現在個體。有不少相關事例，比如在養殖業的發展中，爲什麼流感病毒總是在變異？因爲農戶想在經濟上全面提高，所以又養雞，又養鴨，又養豬，又養魚，人也天天和它們在一起。過去覺得這麼飼養好，可以多獲利，而且出於對利益的貪求，不斷擴大規模，潛在的問題也隨之增長。而癡就表現在缺乏科學常識，沒意識到這麼養的危害，不知道雞鴨離得太近，雞的病毒就可能傳染給鴨。鴨雖然不輕易感染雞的病毒，但萬一傳染，就可能造成病毒變異，產生新的病毒亞型，對人類和禽類健康構成重大威脅。病毒還可能經過豬的變異，再傳到人身上，形成病毒的迴圈。「魔」就由此產生。

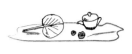

這樣傳播起來就不是本地流行的問題了，還會跨省甚至跨國流行。歷史上幾次世界範圍的流感就是這麼出現的，曾導致千百萬人死亡，造成巨大的災難。我們應對的辦法就是改良養殖業，養雞的專門養雞，養鴨的專門養鴨，彼此生態隔離。這就是公共衛生「同一健康」的觀念。

環境污染亦是如此。片面發展經濟，過度追求業績，把GDP當成唯一指標，結果破壞了生態環境，其本質也是出於貪和癡。怎麼改變？一方面要積極宣導，讓參與者改變觀念；另一方面要有社會導向，政府要宣導全面發展，不能因爲GDP高了，官員就得到提升，環境污染了也要追究責任。總之，要根據因緣因果，從產生問題的根源來分析，還得有科學依據，這樣才能使社會平衡、健康地發展。

您講的三種心魔，我按邏輯關係的排序是：貪、癡、瞋。爲什麼把瞋放到第三？因爲瞋往往是貪和癡的後果。人有貪心，沒智慧，就會引發瞋心。人爲什麼會起瞋心？可能是達不到自己的欲望，可能是感覺別人傷害了我的利益，也可能是自己缺乏理智、科學的判斷，和各種關係不和諧。

1 同一健康（One health），是涵蓋人類、動物、環境衛生保健各方面的一種跨學科、跨地域（國家、地區、全球）協作和交流新策略，目標在共同致力預防新傳染病，以保障人類、動物和環境健康，是國際上新興的公共衛生理念。

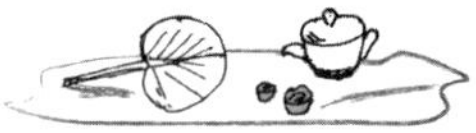

公共衛生的工作重點是「弱勢群體」。一般來說，越貧窮、越沒知識的人，也是越脆弱、社會化程度越低的人。但這些最需要幫助的人，往往不會主動找我們，需要我們去找他們。他們在哪兒？有多少？怎麼接近他們？怎麼幫助他們？比如兒童免疫不足，需要打疫苗，需要掌握他們的詳細資訊，不能漏掉一個。又如對有心理問題的群體，怎麼識別？如何接近？怎樣幫助他們化解心魔？都是公共衛生的老大難題，需要從理論到實踐的探索。爲群體化解心魔，哪怕只是開一個頭，或有一點小小突破，都是非常可貴的。

濟：說到貪瞋癡，佛法爲什麼會把癡放在最後？主要是根據我們對這些煩惱的認識。貪和瞋的表現比較明顯，而癡比較微細。癡不僅指判斷錯誤，也指沒有人生大智慧，不能認識生命和世界的眞相。智慧和知識的不同在於，智慧認識的是本質，知識認識的是現象。哲學叫「愛智慧」，因爲它關心的是本質：我是誰？生命的意義是什麼？世界的眞相是什麼？都是形而上的大問題。

公共衛生領域包羅萬象，涉及面廣，包括心理問題、生理問題、社會問題、環境問題……這些都會影響人類健康。很多人認爲發展經濟高於一切，結果拚命工作，把身體做垮了；不擇手段，把心態做糟了；索求無度，把環境破壞了。如果沒有健康的身心，沒有適宜生存的環境，人生有幸福可言嗎？錢又能解決問題嗎？這實在是本末倒置的作法。所以我常說：「修身養性是人生最好的投資，身心健康是人生的第一財富。」

公共衛生要宣導這些觀念，讓大家認識到，身心健康才是幸福的重要組成部分。我覺得，這也是公共衛生的核心價值，因爲人類所做的一切都是爲了這個核心價值，是爲了獲得幸福。如果沒有健康的身體和心態，病魔纏身，煩惱重重，即使有再多的錢、再豐富的物質，也沒能力享受生活，更不會有幸福可言。

曾：從學習借鑒的角度，我欣賞佛教的兩大優勢：一是公信力，能讓公眾相信，說話就容易奏效；二是有戒律，不但教人行善，也規範學佛者的行爲。因爲很多疾病都來自人的不良行爲和心態。所以我們應該合作起來，向廣大民眾普及公共衛生。全國有那麼多寺院，如果以寺院本身的優勢，結合佛教教義來宣傳衛生知

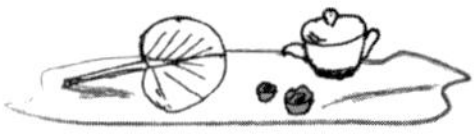

識，促進身心健康，這樣做效果會更好。

濟：自古以來，佛教一直在做這樣的事，只不過沒用「公共衛生」這個概念。前面說到，在所有問題中，心是製造一切問題的源頭，比如環境、健康、心理疾病等種種問題，都和人類的貪瞋癡有關，和心的問題有關。這正是佛教解決的重點。

也有人說，如果都像佛教提倡的那樣，社會還能發展嗎？在他們看來，發展就是眞理，卻不關心這種發展是不是盲目的，我們要意識到，貪欲是發展背後的重要推手。佛法就是從解決貪瞋癡入手，引導人們有智慧地認識人生，認識人與人的關係，認識人與社會的關係，認識人與自然的關係，這樣才能促進共贏的、可持續的發展。

西方哲學是二元對立的，把世界分爲主體和客體，人是世界的主體，世界是爲我服務、爲我所用的。但在東方文化中，儒家有天人合一的思想，佛教則把人和世界的關係稱爲「依正不二」，大自然是眾生業力所感的果報，也是我們在世間生存的重要組成部分。自然爲人類提供滋養，人類可以使用但不能破壞自然，否則，自己將成爲受害者。

除了和自然保持平衡，我們還要處理好人與人的關係，這也關係到自他雙方的身心健康。近年來，惡性案件時有發生，爲什麼人與人之間會有這樣的敵意？就是過分張揚自我造成的。從輪迴的角度看，六道一切眾生都曾經是父母、兄弟、姐妹的關係。很多你今生不認識的人，在過去生中，其實都是親人。而從空性的角度看，人和人，乃至世間萬物，本質上是一體的，不可分割。

我們知道觀音菩薩大慈大悲，具體地說，是「無緣大慈，同體大悲」。所謂無緣大慈，即沒有任何條件地平等幫助他人，不分親疏，沒有好惡。所謂同體大悲，就是把眾生的需要當作自己的需要，把眾生的痛苦當作自己的痛苦。在幫助眾生時，就像自己身上痛了，馬上會用手去安撫那麼自然。換言之，幫助眾生就在幫助自己。

當我們認識到，自己和六道眾生、天地萬物都是一體的，自然會對眾生心生慈悲，和諧相處。這種慈悲可以打破我們和眾生的隔閡，和自然的隔閡，讓心回歸

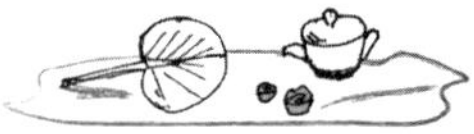

本來狀態，從根本上解決社會乃至環境的種種問題。如果僅僅針對事相，可能只是在枝末上解決問題。即使這個問題解決了，但源頭還在，還會出現新的問題。

曾：對於人和自然的關係，我確實佩服佛教的胸懷。其實，公共衛生講的「同一健康」，與佛法也有相通之處。就像剛才講到人類的健康、禽類的健康和環境的健康，其實也是同一健康。就像您說的，自然和我們是一體的，密不可分。同一健康這個名詞雖然進入中國了，但我們還沒有眞正做到，還在努力，還有距離。不管怎麼說，已經開始有進步了。

公共衛生觀念的進步來之不易，經歷了很多教訓，如ＳＡＲＳ爆發、禽流感威脅等。而改革就要涉及產業革命，涉及人的行爲，改起來不是簡單的事，不是道理講通就立刻能改的。因爲這種改革可能涉及成千上萬人的飯碗，涉及社會上各個產業集團的興衰，涉及失業、貧富等一系列社會問題。所以說，公共衛生和社會發展關係密切。

濟：公共衛生是公有、公平、公益、公開、公信的事業。從理論上說，要面對社會上的所有人，但事實上，我們不可能幫助所有人，所以才把重點放在弱勢群體。但我們要意識到，有些問題是普遍的，不僅存在弱勢群體裡，也存在其他群體中。比如公務員、企業家等，在社會上屬於菁英，但在這些群體中，有心理問題的人也不少，他們同樣需要關懷。

做爲一項公共事業，光靠這一行的從業者，能做的非常有限，所以特別需要加強宣導，讓大家認識到，公共衛生事關每個人的切身利益，就像普世法則一樣，讓大家從觀念上改變。同時還要動員社會各界參與，借助社會的力量，共同推動這項事業。佛教界也應該積極參與，因爲佛教本來就要普度眾生，有責任在這方面發揮特有的作用。

曾：您這樣的佛教界大德，有大公共衛生的觀念，非常了不起。我們的共同點在於教育，您在各地宣講佛法，教大家怎麼行善，我也在全國各地做公共衛生的宣傳教育。

公共衛生領域的分支眾多，凡是涉及人類健康的領域，都在公共衛生涵蓋的範圍，包括食品衛生、營養衛生、職業衛生、環境衛生等。涉及那麼多領域，所以要有一支解決公共衛生問題的先鋒隊，我們叫「流行病學」。比如人的一生從出生到死亡，在什麼階段容易得什麼病。此外，城市有城市的問題，農村有農村的問題，東部有東部的問題，西部有西部的問題。在不同的時間、區域、人群，流行特點及造成的公共衛生問題各不相同，流行病學就要監測動態變化，對各種資料進行統計。

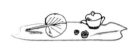

一旦出現什麼變化，比如傳染病流行了，那裡就是流行病學的戰場，我們要立即深入現場調查，弄清疾病背後的危險因素。疾病是如何傳播的？發病率和死亡率有多少？更進一步，則是如何預防控制，這是現場流行病學的特點。這支先鋒隊叫「中國現場流行病學培訓專案」，是我在中國開創的，每期兩年，一期一期地培訓，已經開設十七期了。

濟：你們眞是功德無量。

當公共衛生遇到佛法

曾：我們來討論一個全新的話題：佛教如何參與公共衛生事業？需要在兩者之間搭一座橋樑。公共衛生涉及廣闊的領域，我們探討一下，從哪裡開始合作？怎麼做效益最大？我們人力有限，能做的事有限，但如果有暢通的管道，同樣可以把事情做大。比如我們培訓的流行病學專家回到各省後，又對本省縣市的學員進行培訓；縣市學員接受培訓後，又對基層人員進行培訓，培訓效果就會不斷延伸，這是我們的作法。

在中國，寺院的數量比公共衛生機構多得多，而且去寺院進香的信眾很多，常來常往。如果在寺院做一些公共衛生的宣傳，把相關知識結合佛教的戒律或法義來表達，或是規勸，或是警示，促使人們改變不良行為。哪怕只是針對少數幾個問題，只要讓人願意接受，起了效果，都是功德無量的。因為人們對寺院的箴言警語很感興趣，立意深刻的一兩句話，往往使人過目難忘，很可能會再去傳播。如果寺院在促進心理健康方面發揮獨特作用，可以有效彌補公共衛生領域的薄弱環

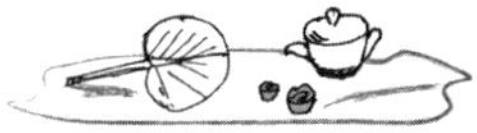

節，爲民造福。我希望，這次談話能點起一把火。

濟：這次交流是非常好的開始，在此之前，我對公共衛生學科瞭解得很少。透過對話，我也想辦一些與公共衛生有關的講座，或在說法時帶入相關思想，如果有因緣，我們還可以在公共場合繼續對話。雖然我們的立場和視角不一樣，但關心的事情一樣，都是要造福社會，使眾生身心健康，這是我們共同的目的，可以共同來做。

曾：如果能實現，那就太好了！我在七十歲生日時吟了一首詩，其中一句是「人民健康比天大」，這是發自內心的。

濟：這是菩薩道的精神。不論是不是佛教徒，只要有利他心，對社會大眾有一份慈悲、博愛的精神，就是在行菩薩所行。

曾：這還不敢當，但如果公共衛生的宣傳員能被讚揚有菩薩心腸，我想，會喚起他們崇高的責任感；如果社會都這樣認識我們，對公共衛生事業是很大的鼓舞。

濟：我們可以結合起來，業務方面您來培訓，慈悲大愛情懷我們來推動。如何讓人們樹立理想，培養利他的菩薩精神，是我們比較擅長的。

曾：希望好事成眞，強強聯合，實現美好的願景！我想做的，就是將公共衛生的觀念傳遞給百姓，讓他們更健康。我們以後做培訓，可以請您講一講公共衛生人怎麼培養利他心。您辦佛學講座時，我們也可以去講一講，從公共衛生的角度，怎麼認識天人合一，怎麼共同發展。

在佛教界，主要是信眾到寺院請益，這和醫院有點相似。患者去醫院求醫，得掛號看病，醫生不主動找患者。寺院也是如此，信眾到寺院進香、求平安、求加持，僧人往往敲磬賜福，以此代替語言交流。我覺得，寺院完全可以做得更多。解除心魔需要僧俗的對話、溝通，才能爲大眾指點迷津，歷史上有些高僧位居國師，能給皇帝解惑，影響很大。相信法師的弟子中亦不乏企業家或有影響的人，如果在爲他們解惑的同時，也讓他們參與解惑的環節，可以起很好的傳播效果。再好的理念，也需要傳播才能發揮作用。

從事公共衛生需要統計指標，搞清楚有多少百分比的人知道了，有多少人還不知

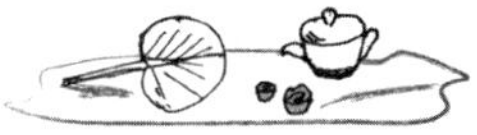

道，這些不知道的，就是我們下一步的工作對象。寺院也是一樣，有人來到寺院，應該如何宣導？而那些不到寺院來的人，未必沒有問題，對這些人該怎麼辦？怎麼惠及他們？基督教比較重視社區宣傳，我去過非洲辛巴威一個很偏僻的農村，也有座小教堂，一位傳教士常年在那兒主持禮拜，和當地人打成一片，爲他們答疑解惑。我覺得，宗教之間也可以互相借鑒。

濟：內修外弘是出家人的本分，一方面要自己修行，另一方面要傳播智慧、健康的文化，造福社會，這也是寺院的基本職能。在修行上，佛教有小乘和大乘之分，乘就是車，有的車只能坐自己一個人，有的車還可以搭載很多人，漢傳佛教屬於大乘，就是很大的車。我們要到達彼岸，不僅要自己去，還要帶著一切眾生同行，從全人類到一切動物，都是我們希望弘傳的對象。觀音菩薩的大慈大悲，就是對每個眾生都能平等慈悲，如果還有一個眾生是你不願幫助的，就說明慈悲沒有圓滿。

曾：公共衛生的「大乘」，就是國際公共衛生，全人類都在同一輛車上，安危與共，一國的公共衛生問題，可以影響到全世界。

濟：尤其在今天，地球是人類共同的家園，生活其中的人唇齒相依。在過去，世界上其他地方發生了什麼，彼此都不知道，也不受影響。但現在，人類的命運息息相關，世界上任何一個地方發生戰爭、火災、金融風波等，都會波及全球。如果只想要自己幸福、健康就可以，那是很難的，因爲有太多的因素會干擾你，影響你。

現在宣導「人類命運共同體」，這就需要有博大的胸懷，從更高的角度看待幸福和健康。從廣義上來看，公共衛生是跨國界的，甚至是跨地球的，關係到太陽系、銀河系，因爲一切都是眾緣和合的，每個因緣都在產生各自的作用。

對於出家人而言，個人修行和教化社會是相輔相成的，其中，個人修行是前提。當我們要幫助別人時，必須有健康的人格、心態，也要有高超的業務能力，知道什麼是適合對方的道理，也知道傳播哪些有益的觀念，包括佛法智慧，也包括公共衛生這樣的世間法。總之，只要是利益眾生的事，寺院和出家人都應該根據自

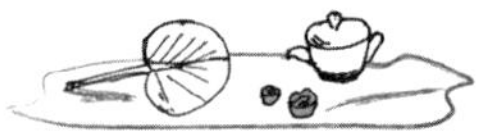

身能力積極參與。

佛教中，菩薩可以用各種身分服務社會、引導大眾，比如觀音菩薩有千手千眼、千百億化身。說到菩薩，不一定是出家人，可以是佛教徒，也可以像曾教授這樣，以專家的身分，透過公共衛生的管道造福社會，也是利益世間的方式。

公共衛生所做的事，和佛教有密切關聯。佛教傳入中國二千多年，一直在守護百姓的心理健康。我經常參加心理學界的論壇、交流，發現這些專家們解決的問題，正是我一直在做的。很多信眾遇到問題，或有什麼心結，甚至心理疾病患者，如果願意接受引導，經過一段時間的學佛、禪修之後，問題會得到不同程度的解決。「心病還須心藥醫」，這個心會患病，也能自療自救。首先要從觀念開始改變，重塑價值觀，學會調心之道。在心理健康方面，佛教有理論，有實踐，所以自古以來就被稱爲「心學」。

在公共衛生領域，控制疾病的重要作法是隔離，讓病菌不再傳播；同時增強體質，接種疫苗，提高身體的免疫力和抵抗力。在佛教中，戒律可起隔離的作用，因爲很多心理疾病和接觸環境有關，遠離不良環境，可以減少疾病誘因。此外，禪修可以訓練我們的覺知力，讓心安住在善所緣，從而阻止不良情緒的發展。透過這些方式，培養心的正向力量。

對於增進心理健康，佛教有一套完善的體系。從環境來說，「天下名山僧占多」，很多寺院地處山林，幽靜清涼；即使位於城市，也以其寧靜莊嚴，成爲紅塵中的淨土。從生活方式來說，佛教宣導簡樸、自然、少欲知足的生活，既有利於身心健康，也有利於對生態環境的保護。在心靈環保方面，佛教更是有著大量的理論和禪修方法，引導我們從改變觀念、心態，到提升生命品質。總之，佛教在這方面本身就有良好的傳統，如果再結合公共衛生的相關常識，針對現代人的特點進行宣導，的確可以發揮很大的作用。

構建人人健康的社會

曾：現在的醫患矛盾很突出。我覺得，這種矛盾不是孤立的，它和教育、文化及公共衛生等問題同步出現，是社會弊病在醫務界的反映。醫生是崇高的職業，醫院是救死扶傷的聖地，可是在某個時期，爲了發展經濟，政府對社會公益事業減少投入，讓醫院自創營收，因而醫院就會採取一些措施，從患者身上多賺錢。其次，「讓一部分人先富起來」的說法也產生了影響，大家都希望先富起來的人包括自己，所以醫藥廠家乘虛而入，出現開藥給回扣的現象。此外，還有送紅包等問題。其實這就是醫療腐敗，是對醫生的精神污染，使醫患之間喪失信任。

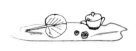

而當發生醫患矛盾時，法律界總是把患者當作弱勢群體，推出「舉證倒置」，首先讓醫生證明自己無過錯，否則醫生就敗訴。但這種作法不是從根本上解決問題，反而可能加劇醫患矛盾。

因爲醫學界需要倫理，醫生需要得到信任和尊重。而且醫學不僅是循證醫學，也是經驗醫學，有時在證據不足或相互矛盾的情況下，醫生必須靠經驗做出判斷，立即解決，晚幾分鐘就會錯過搶救機會。當然，搶救也不一定能挽回生命，也有搶救無效的。這是醫生經常遇到的。

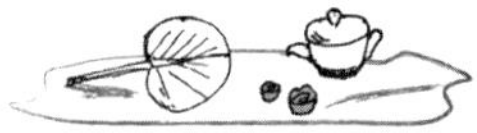

可是舉證倒置出現後，限制了醫生救死扶傷的主動性，因爲做了好事卻可能成爲被告，這對醫學發展不利，甚至可以說，舉證倒置鼓勵了患者去告醫生。因爲醫生搶救病人時，如果沒時間收集完整的證據，一旦搶救不成功，就可能吃官司。醫生變得縮手縮腳的結果，是使患者失去搶救機會，倒楣的還是患者。所以應該取消舉證倒置，事實上，制定這個法規並沒有經過醫務界的認眞論證。

在某種意義上，醫務界也是弱勢群體，有關自身的重要法規沒有充分參與制定，卻要被迫執行。在患者方面，醫鬧們[2]把醫生整得風聲鶴唳，害怕上班。現在很多優秀人才不願學醫，考醫的分數大幅度下降，失去優秀生源，是今後國民健康的重大損失。這些社會現象必須徹底改變，醫生要自律，患者要尊重醫生。可以說，醫患和諧是健康社會的基礎，也是保障。

我覺得，只能透過社會治理來解決這個問題，不合規定的要合規定，不合情理的要合情理。現在整個社會在治理腐敗，醫務界的腐敗也大大收斂。在這些方面，佛教應該發揮什麼作用？怎樣才能大有作爲？

2 借炒作醫療糾紛而獲得非法利益者。

濟：這確實是一個重要的社會問題。不管醫生和患者也好，教師和學生也好，各行各業都會受到社會大環境的影響，很難單方面去責怪誰。在這個洪流中，不管你願意還是不願意，每個人都被裹挾著，隨波逐流。只有極少數特別有勇氣的人，可能會在洪流中保持定力，或抽身而出。但多數人沒有這樣的勇氣，或沒有這樣的條件，無可奈何。

傳統的醫生非常講究醫德，而且會代代相傳，如果你缺乏醫德，就會失去口碑和患者，而且社會輿論會讓你意識到這麼做是不對的。而今天的醫生多數是在醫院中，個人的德行和口碑並不是很重要，如果學習階段沒接受相應教育，工作期間又沒有來自同行或患者的監督，很難自覺意識到這個問題。

從患者的角度看，確實也是弱勢群體。患者當然希望得到最好的醫療，早日恢復健康，這種心情是可以理解的，但他們未必有相關常識，也未必能以理性的心態

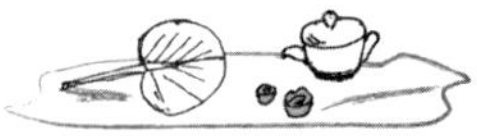

面對各種問題。事實上，不僅醫生缺乏做人的教育，患者也缺乏這些素養。如果彼此站在各自的立場，不去理解對方，矛盾就在所難免，最後導致各種醫患問題。解決這些問題，離不開教育，也離不開整個社會的大環境。

曾：現在整個社會都需要加強做人的教育。醫學院基本上是專業的學習，缺少人文教育。因此，醫務界要振興傳統的醫德教育，以此培養醫生的素養，良好的醫德要代代相傳；同時，社會要加強尊醫的宣傳。從整體看，醫生依然是救死扶傷的白衣天使，不能一葉障目，不見泰山。

我覺得，針對不同的社會問題，需要有不同的措施和步驟。就像醫生做手術，該拿鉗子、剪子還是拿縫針，都取決於需要。解決醫患矛盾問題也是這樣，需要多種工具和措施，不是什麼都用一種方式解決。當然，佛教勸導大眾結善緣，可能對醫患雙方都是良藥，在過去和現代都適用。

剛才我提到社會治理的問題，其實很多事情，我覺得可用一句話來概括：大道至簡。比如舉證倒置，就是把簡單問題複雜化了。其實不應限制醫患中的一方來解決問題，否則會加深醫患矛盾，還浪費了不少資源，比如醫生爲了自保，該檢查的、不該檢查的，都給患者做檢查。

我從一九七〇年起，在最貧困的山村當過九年臨床醫生，連起碼的化驗條件都沒有，但我搶救了大量病人。可以說，在那個鄉村醫院，想把疾病診斷清楚都是不可能的，但即使是這樣，也必須搶救。那時交通不便，家屬沒能力把患者送到七十里以外的縣城去搶救，送去也未必能活著回來。我搶救了，患者還有希望，否則只能眼看著死亡。在當時，醫患關係特別好，患者相信醫生，醫生也盡心盡力爲患者服務。我沒有一次被患者家屬告過，這不是意味我醫術很高，只能說我盡心盡責了。

這種和諧氛圍是幾千年延續下來的，現在卻被打亂了，醫患關係特別複雜，眞不如過去純潔、簡單的好。怎樣才能讓社會回到過去的和諧？

濟：這有不同的切入點。如果從根本上解決，確實是大道至簡。從佛教角度來說，如果每個醫生都有慈悲濟世之心，每個患者對醫生有更多的理解和感恩，雙方都具

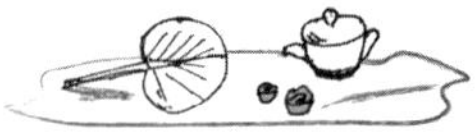

備良好素養和相關常識，醫患關係自然就和諧了。如果從現象上解決，就要看到，是眾多因素導致了這些矛盾，需要透過相應的道德準則和合理的機制來平衡。

曾：儒家非常重視人與人之間的倫理，比如君臣關係、父子關係、師生關係、夫妻關係、兄弟關係、醫患關係等，這種倫理關係不能隨便被打亂。在這方面，儒釋道三家都能做出很好的解釋。

最後，請法師總結一下這兩天的交流！

濟：隨著社會的發展，人們逐步從關注物質財富，提升到關注身心健康。在公共衛生領域，對健康的關注也在逐步深化：從身體的健康到生活環境的健康，進而走向心理的健康。

在此過程中，公共衛生學科應該吸收東方文化，尤其是佛教的理論和實踐經驗，在彰顯東方優勢的同時，也在世界上呈現出自身特色——中國公共衛生學的特色。這樣不僅可以幫助國民擁有健康的身心，也會對全人類的身心健康有所幫助。

曾：兩天的時間轉瞬而過，公共衛生與佛法如此深度相遇，在歷史上是第一次吧？法師以天下蒼生爲念，從佛法角度解析了公共衛生，令我高山仰止。我是抱著求學的心態而來，對法師闡述的佛教思想有了一點認識，收穫頗豐。

我很享受與您的相遇相知，驚喜地發現，公共衛生與佛教有如此豐富的共同語言。大道相通，千眞萬確！更可貴的是，您表達了今後共同參與公共衛生的願景，受益的將是芸芸眾生。以您在佛教界的威望，相信會把願景變爲現實。

4

佛教與「一帶一路」

—— 與中國社科院學部委員魏道儒教授對話

二〇一八年十月三十日，舉世矚目的「世界佛教論壇」在福建莆田召開，全世界的佛教領袖、高僧大德雲集於此，就當代佛教和人類社會發展中存在的問題展開討論。其中，新媒體論壇以「佛教與一帶一路」爲主題，邀請中國社會科學院學部委員、世界宗教研究所魏道儒教授，與戒幢佛學研究所濟群法師對話。兩位嘉賓從「感悟佛教、文化性格、西來東漸、信仰實踐、和平互鑒」五個方面深入交流，令與會者深受啓發。本次對話由北京佛教文化研究所定明法師策劃，浙江大學東亞宗教文化研究中心主任孫英剛教授主持。

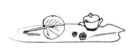

對佛教的感悟

孫英剛教授（以下簡稱孫）：我們知道，佛教在亞洲的興起與傳播，是人類文明史上的大事。佛教從地方性的信仰，飛躍成爲世界性的宗教，在人類發展脈絡上扮演了非常重要的角色。佛教傳入中國後，也成爲中華文化不可或缺的組成部分。時至今日，佛教依然在一帶一路[1]及各文明體的融合中起著重要作用。這和歷史很相似，古代的絲綢之路不僅是一條物質交流之路，同時也是一條信仰之路。今天，我們有幸請到兩位重量級嘉賓，圍繞「佛教和一帶一路」的關係，進行較爲深入的探討。兩位嘉賓，一位是資深學者魏道儒教授，出生於上世紀五〇年代；一位是當代高僧濟群法師，出生於上世紀六〇年代，他們的個人經歷和接觸佛教的心得都不同。魏教授是中國社科院學部委員、中國社科院佛教研究中心主任，主編了《世界佛教通史》，這是重要的大部頭著作。濟群法師是戒幢佛學研究所所長，學修並重的高僧，也對學術傾注了很多精力。兩位分別是學界和教界的代表，對這個問題最有發言權。

我們先從個人經歷談起。我想代表聽眾請問：兩位是怎麼接觸到佛教的，對佛法有什麼感悟和思考？不論是做爲研究領域還是信仰，相信你們的經歷會對大家有所啓發。

1「絲綢之路經濟帶」與「二十一世紀海上絲綢之路」，簡稱一帶一路，是中國政府於二〇一三年倡議並主導的跨國經濟帶，投資近七十個國家與國際組織。

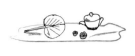

魏道儒教授（以下簡稱魏）：這個問題在一般場合是問不到的，而且介紹自己也是困難的事。我先把自己接觸佛教的經歷，簡單給大家彙報一下。一九八一年，我本科[2]四年級時，選修了西北大學歷史系高楊教授的「印度古代史」，在學這門課程時接觸到了佛教。第二年，我成了他的研究生，研究方向就是「印度古代史」。經過四年的學習，我體會到三點：

第一，研究印度佛教，如果不懂漢文資料，難度很大。印度佛教從西元前六世紀到西元十三世紀，這一千八百多年中，如果沒有漢文記載，許多史實我們根本就不清楚，無法將歷史梳理出清晰的脈絡，對佛教的許多教義也不知道。

第二，佛教產生於印度文化，它所宣導的世界觀、人生觀、價值觀、方法論，它所實踐的生活、修行和弘法方式，與中華民族的固有文化有很大的差別。如果我們想瞭解中國佛教，不瞭解印度文化就會產生困惑。

第三，印度佛教在西元十三世紀逐漸消亡，成爲遙遠的過去。如今在全世界影響人們並產生旺盛生命力的佛教，就其核心和主體內容來說，是中印兩種文化在長期、全面、深入的交流互鑒中產生的結晶。不瞭解中國佛教，很難清楚地認識印度佛教，更無法認識當今的世界佛教。

所以我在一九八七年報考了世界宗教研究所的博士班，學習中國佛教，導師是杜繼文和楊曾文兩位先生。博士班畢業以後，我就留所工作，一直以佛教爲自己的專業研究領域，沒有左顧右盼，沒有瞻前顧後。走到今天，算來已有三十八年，雖然沒做出什麼像樣的工作，但對佛教有了一些膚淺的認識。

在我看來，做爲中印文化交流結晶的世界宗教，佛教最大的特點，是有旺盛的生命力、廣泛的適應力，能隨著歷史發展的腳步與時俱進，不斷向不同民族和地區發展。儘管我們把佛教看作一種世界宗教，其實在二千五百多年的歷史中，它百分之九十的時間是亞洲宗教，成爲世界宗教只有大約二百多年的歷史。這給我們一個啓示：隨著人類文明的進步，佛教向外傳播的速度正在加快，向外傳播的地

2 即臺灣所稱的「大學」。

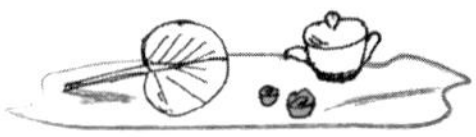

域更爲遼闊，影響的民族也不斷增加。所以我認爲，佛教不僅在今天影響著許多地區和大眾，未來也會在構建人類命運共同體的過程中發揮積極作用，拓展更大空間。

濟群法師（以下簡稱濟）：我出生在一個佛化家庭，從小受父母影響，十幾歲就出家了。一九八〇年到中國佛學院求學，畢業後又在幾所佛學院任教至今。四十年的出家生活，基本上是在修行、教學和弘法中度過。多年的教學生涯，以及弘法中和大眾的接觸，使我一直關注佛教教育，關注社會問題，關注佛教在當代的健康發展。伴隨這些關注，我主要致力於三個重點：

第一，弘揚人生佛教。我看到，每個人都有很多迷惑和煩惱，而佛法是人生的大智慧，可以引導我們解決迷惑、斷除煩惱。在弘法過程中，我會針對社會、人生存在的問題，從佛法角度提出應該怎樣看待並對治。其中有關於財富、家庭、幸福、成功等方面的思考，還有與企業家、藝術家、心理學工作者等不同領域的交流。人生的一切煩惱，都和我們對自身及世界的錯誤認識有關。如果缺少智慧，認識偏差，問題自然層出不窮。關於這些思考，我做了大量演講，先後整理成幾十本小叢書。

除了現實問題，生命還有永恆的困惑，包括「我是誰？生從何來，死往何去？人爲什麼活著？生命的意義是什麼？」等。這些問題是生而有之的，每個人都存在的，區別只在於我們是否意識到。對於這些困惑，如果沒有修行體證，是不可能靠自己眞正想明白的，很多藝術家、哲學家之所以會走上絕路，正是被此所困擾。雖然他們比普通人對生命有更多思考，但涉及終極問題時，同樣看不清眞相，找不到意義，從而被虛無的黑洞所吞噬。對此，我也會從佛法的角度提供思考。從這些方面，讓我一次又一次體會到佛法的價值。

第二，解決修學問題。對佛教徒來說，不管是出家眾還是在家眾，都要修學佛法，而不僅僅是信仰就可以了。佛法博大精深，尤其在今天這個資訊高度發達的全球化時代，我們可以接觸到的典籍遠遠超過古人。究竟該怎麼學？我在幾十年的修學過程中發現，佛教雖然法門眾多，但共同核心就是解脫道和菩薩道，其中包含五大要素，即皈依、發心、戒律、正見、止觀，抓住這些關鍵，就能快速把握佛法綱要。透過這些探索，我對修行越來越清晰，越來越有信心，同時也希望讓更多的人明確目標，有次第、有引導、有效果地修學。

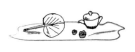

第三，思考佛教發展。在五大要素的基礎上，我又提出佛教發展需要重視的六大建設，即人生佛教建設、信仰建設、大乘精神建設、大乘解脫道建設、修學次第建設和教制建設。如果我們立足於這些方面來認識並弘揚佛法，佛教一定能健康發展。

這些思考和實踐，使我對佛法價值的認識日益深入，對修行及佛教健康發展的方向逐步清晰。做爲出家人，我也努力把這樣的思考傳達出去，希望和大眾共同探索，讓佛教在當今時代發揮積極作用。

孫：感謝魏教授從自己的學術歷程，從佛教研究者的角度，提供了豐富的資訊。感謝濟群法師從個人的信仰體驗，從佛教在當今社會發展的角度，進行了深入的探討。

佛教與人類文明

孫：從佛教的發展歷程，體現出它是一種世界性宗教。佛教於西元前五世紀興起於恆河流域，幾百年後開始系統地傳入中國，這個過程在人類歷史上非常重要。近代以來，佛教又傳入歐美地區，尤其在美國，已成爲重要信仰之一。除了宗教信仰，佛教也是哲學體系、文化現象，甚至生活方式。魏教授主編的《世界佛教通史》共十五卷，八百多萬字，耗時八年完成，展現了恢宏的歷史圖卷，讓我們知道，佛教在人類文明史（現在的說法叫「命運共同體」）中，扮演著重要角色。但對這個發源於印度、其後傳入東亞、現在走向世界的宗教，我們卻有很多誤解，以爲佛教只是和農業文明連在一起的。實際上，絲綢之路的商貿也和佛教關係密切。希望魏教授從學術的角度談一談，在人類發展史上，佛教如何從地方性的信仰發展爲世界性的宗教。

魏：佛教從地方宗教發展爲亞洲宗教，進而成爲世界宗教，是文明傳播史上的一個奇蹟。其延續時間之長，參與人數之多，影響之廣泛，成果之豐碩，在人類歷史上是獨一無二的。在佛教二千五百多年的傳播過程中，許多國家和民族的信仰者做出了貢獻，其中貢獻最大、起主導作用、不可替代且具有世界意義的，正是中國。爲什麼呢？可以從三點來看：

第一，從佛教用語來看。全世界的佛教有三大語系，即漢語系、藏語系、巴利語系。其中兩大語系在中國，且內容遠遠多於巴利語系。因爲後者主要是西元前五世紀到西元一世紀的經論，而漢語系和藏語系的經論，從西元前二世紀一直延續到印度佛教的消亡，從未間斷。從這一點就能看到，中國人在保存佛教文化資料方面發揮了很大的作用。

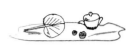

第二，從傳播過程來看。佛教從西漢傳入新疆，直到隋唐的近八百年歷史中，中國成爲當時最大的佛教輸入國。自隋唐以後，中國又成爲最大的佛教輸出國，其延續時間之長、成果之豐碩、參與者之多，也和輸入時一樣，沒有任何國家能與之相比。從這一點，可以看出中國對佛教傳播的作用之大。

第三，從文化貢獻來看。早期佛典主要以西域各民族的語言記錄，如巴利文、梵文等，譯成漢文後，加入以儒家和道家爲主的中華文化元素，轉化爲中國佛教，然後再傳到韓國、日本、越南和東南亞其他地區，所以我們把這些地區稱爲漢文化圈。當佛教輸出時，是以佛教爲載體的中華文化的整體對外傳播，是對接受國在物質文明和精神文明方面的雙重貢獻。比如想要接受佛教，就要學習漢語。在今天，即使到韓國、日本、越南等地，做法事時還會念漢語，《心經》到哪兒念得都一樣，除非他發音不準。這就使漢語成爲溝通人神仲介的神聖語言，不說漢語，天龍八部都聽不懂！

可見，如果沒有中國人在文化傳播中的貢獻，佛教就不會有如今的內在精神和外在風貌。佛教積澱了幾千年，這種智慧跨越時間，跨越民族界限、地域分割，具有永恆的價值。開發這一資源，佛教在未來將有光輝燦爛的前景。

孫：魏教授從學者的角度揭示了中國對佛教發展的貢獻。我們知道，早在魏晉南北朝時期，中國已逐漸成爲佛教新的世界中心，用感性的話說，中國是佛教的第二故鄉。接著我們請濟群法師談談，如何看待佛教西來東漸的意義。

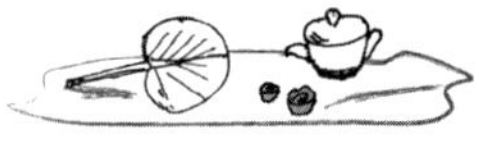

濟：佛教的西來東漸，經由中國傳到日本、韓國乃至整個東南亞，對這些地區的文化產生了深遠影響，主要體現在以下三個方面：

第一，文化的影響。佛教從印度傳入中國等亞洲國家，不僅豐富了這些地區的思想、文化，連語言都深受影響，我們今天用的很多詞彙就來自佛教。就中國而言，雖有先秦的諸子百家，但漢魏之後的主流思想是儒釋道三家，並對本土的文化、藝術、哲學、民俗等產生了全面影響。佛教的重要地位可見一斑。日本、韓國也是同樣，佛教一經傳入，迅速成爲這些地區的主流思想，全面影響了他們的文化生活。

第二，信仰的提升。傳統儒家重視現世，關注怎樣成爲有德君子，進而成聖成賢，同時也關注如何安邦治國，建設理想社會，但對死亡及生命歸宿等終極問題關注不多，所謂「未知生，焉知死」。事實上，活著不僅有現實意義，還有終極價值。前者是大家熟悉的，可是一旦開始關注終極問題，就必須有宗教和文化的支持，否則是找不到答案的。整個印度文化所關注的，正是輪迴和解脫，即生命如何從過去延續到現在，又如何走向未來，這就讓我們認識到生命的長度和深度。所以佛教傳入後，雖然經歷了南北朝的碰撞，但很快被國人接受，以此提升信仰，在追求現實價值的同時，實現生命的終極價值。很多文人士大夫既是儒者，又是虔誠的佛教徒，儒釋道思想在他們身上高度地融合。

第三，修身養性的作用。每個人在世間有很多困惑煩惱，從而引發焦慮、恐懼、沒有安全感等心理疾病。當人生面臨這些問題時，如何加以解決？西方心理學是近二百年才出現的，而做爲東方心理學的佛教，千百年來始終承擔著心理輔導的角色。對普通民眾來說，遇到違緣和煩惱時，會到寺院禮佛、誦經、請求開示，獲得精神支持。對文人士大夫來說，透過學習佛法，學習大乘的空性思想和菩薩道精神，既能看淡名利、地位、財富等世間利益，還能以出世心做入世事，在入世過程中保有出世的超然。可見，佛教在國人的精神生活中有著不可取代的重要地位。

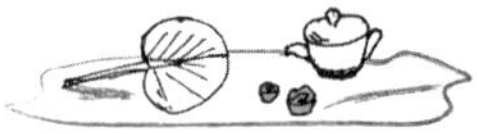

佛教與中國傳統文化

孫：我們再談一談佛教和中國傳統文化的關係，或者說，談一談中國佛教的文化特點。剛才法師提到，在中華文明的語境中理解，佛教是傳統文化的一部分。我們知道，佛教傳入中國時，曾有一個恢宏的西行求法運動。幾百年間，中國高僧前仆後繼，不顧惡劣的自然環境，前往印度求取正法，同時把佛典從梵文等譯爲漢文。從學術角度看，這本身是文化再造的過程。在佛教傳入中國後的發展過程中，不僅形成了新的思想、理念，甚至形成了禪宗這樣具有中國特色的新教派，同時和中國傳統文化緊密結合。

就像法師談到的，在魏晉南北朝之後，籠統地講，是儒釋道三足鼎立的局面。這不僅表現於外在，更多體現爲中國人的心靈結構始終在儒釋道框架的影響下，有人總結爲「以儒治世，以道養生，以佛治心」。關於這個問題，我們先由濟群法師來談一談。

濟：佛教從印度傳入中國，雖然屬於外來宗教，但在中國有二千多年歷史，對傳統文化有著全面、深入的影響。在哲學方面，從魏晉玄學到宋明理學，都滲透著佛教的思想觀念。在文學方面，從經論的翻譯，到各種文學作品中出現的佛教術語和精神內涵，也體現了佛教的烙印。在藝術方面，我們今天看到的石窟、造像、塔廟等，絕大部分是人們出於信仰營造的。在民俗方面，從語言文字、道德信條到生活習慣，也處處可見佛教的影子。

另一方面，佛教的輪迴觀和心性論對中國文化具有彌補作用。儒家關心現世，而輪迴說是立足於佛陀的修行體證，對「生從何來，死往何去」做出解讀，引導我們從過去、現在、未來三世認識生命。如果人死如燈滅的話，很多人會有莫名的焦慮——百年之後是什麼？眞的什麼都不存在了嗎？在西園寺舉辦的「佛教與心理學論壇」上，我們曾就死亡焦慮的主題展開研討。因爲這種焦慮極其普遍，只是程度不同，或暫時沒有意識到而已。事實上，死亡是每個人終將面對的現實，是今生最後也最重要的考驗。佛教關於輪迴和解脫的思想，可以引導我們認識生命眞相，正確面對死亡，因爲找到究竟歸宿而不再焦慮。

如果說輪迴觀讓生命有了長度，那麼心性論就使生命有了深度。儒家思想強調做人，從有德君子到成賢成聖，都離不開心性的基礎。如果對心性沒有透徹認識，修身養性往往流於表面，是對行爲而非本質的改變，所以儒家從宋明理學開始，大量吸收佛教的心性理論，只有從心性入手，才能在根本上改變生命品質。當今社會盛行心理學，而佛法在二千多年的流傳過程中，做爲心性之學，對解決大眾心理問題發揮積極的作用。所以西方心理學也在廣泛吸收佛教的理論和修行實踐，用於心理治療，以及諮詢師本身的心理建設。

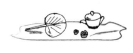

至於中國佛教的特點，我們知道，印度佛教主要有聲聞解脫道，和以中觀、唯識、如來藏爲代表的大乘菩薩道思想，後者是傳入中國的重點。大量佛經譯爲漢文後，祖師們根據對經典的學修、理解和實踐，形成天台、華嚴等八大宗派，以及本宗特有的理論體系。如華嚴宗的四法界、六相、十玄門，天台宗的一心三觀、三諦圓融、一念三千，都是祖師根據原典做出的詮釋。

中國佛教特別強調圓頓，如最具中國特色的禪宗，就是立足佛法的最高見地建立修行，爲我們提供了簡明、直接的修行方式，所謂「直指人心，見性成佛」。在表現方式上，擺脫了傳統經教中哲學化的術語、理論、概念，直接落實於生活，在穿衣吃飯、待人接物中修行，以「不立文字，教外別傳」，在宗派佛教中獨樹一幟。而在中國影響最大、信眾最多的淨土宗，修行方式也很直接，以「三根普被，利鈍全收」而廣受歡迎，在這種直接中，蘊含著華嚴、天台、禪宗的理論，具備融攝的特點。

總之，中國佛教在理論和實修方面，與南傳、藏傳有所不同，是在本土文化基礎上發展出的、具有中國特色的宗派佛教。此後，這些宗派又傳到日本、韓國等地，對整個東南亞產生了很大影響。

孫：濟群法師曾主講相關課程，並出版有《佛教與中國傳統文化》，對這個問題很有感悟。現在我們請魏教授從學者的角度，談談佛教和中國傳統文化的關係，以及對中國傳統文化的貢獻。

魏：佛教和中國傳統文化的關係，可以從三個方面來認識：

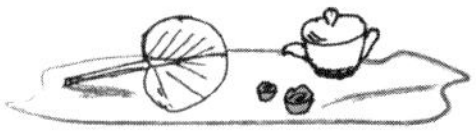

第一，中國固有文化對佛教的影響。大家知道，中華文化自古以來就有海納百川的特性，不拒絕外來文化，並以寬廣的胸懷吸收，使得中華文化博大精深，生生不息。但中國固有文化吸收外來文化並不是照單全收，而是有所選擇，經過去蕪存菁、去僞存眞的過程，對佛教也不例外。爲適應中國社會，佛教在思想、教義、制度等方面發生了變化，成爲有中國特色的宗教，這個過程就是「佛教的中國化」。如果要一一列舉中華文化對佛教有哪些影響，總有列舉不完全的感覺，因爲這是一個全覆蓋的過程，是儒家、道家、諸子百家對佛教的全面影響，涉及方方面面。

第二，佛教對中國固有文化的影響。習近平主席二〇一四年三月二十七日在聯合國教科文組織總部的講話中說：「中國特色的佛教文化，給中國人的宗教信仰、哲學理念、文學藝術、禮儀習俗等留下了深刻影響。」其中最重要的是前兩項，即宗教信仰和哲學理念，屬於精神活動。當佛教影響到國人的精神領域時，那麼在精神支配下的任何活動，包括一切物質文明和精神文明的產品，都會被打上佛教的烙印。也就是說，佛教對中華文化的影響同樣是全方位、全覆蓋的，我們可以列舉政治、經濟、文化、藝術、繪畫、書法等，仍有列舉不完的感覺。在學術上，從先秦諸子、兩漢經學、魏晉玄學，經南北朝發展爲隋唐佛學，此後再出現宋明理學等，都是儒釋道的不斷融合。也就是說，魏晉之後，中國的任何精神產品都會打上佛教烙印。可見，佛教已是中華文化的有機組成部分，其影響已成爲中華文化的基因，而基因是可以代代相傳的。

剛才法師說，佛教對中國影響最大的是業報輪迴，信不信佛的都知道。爲什麼它有這麼大影響？與印度文化和中華文化的不同生死觀有關。在佛教到來之前，國人的生死觀可以用八個字概括——「生必有死，死不更生」。死後就沒有再生，所謂「人生一世，草木一秋」。而佛教的生死觀也是八個字，前面一樣，但後四個字變成「死必有生」。它把生死變成一種生命體在地點上分開、時間上重合的過程，在這種生死觀的基礎上，建立了佛教的修行解脫體系。中國沒有這樣的生死觀，也就沒有相應的修行解脫體系，佛教的傳入，豐富了國人對生死的認識，

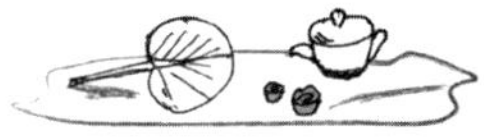

同時在世界觀、人生觀、價值觀、方法論上產生了變化。當然這一生死觀並不是佛教獨有的，在印度其他宗教中同樣存在。

第三，佛教和中國固有文化的關係。在歷史長河中可以看到，從佛教開始傳入到南北朝是融合期，甚至有過劇烈的衝突。隋唐以後衝突逐漸退居其次，相互學習成了主要方向，形成三教鼎立的局面。從宋代到清代，佛教和中華文化就形成一榮俱榮、一損俱損的局面。只要批其中一個，一定會批另一個，關於此，年齡稍大的人應該都有感受。到最後，佛教和中國固有文化就形成你中有我、我中有你的關係，可謂生死相依。

佛教與當代社會

孫：兩位嘉賓都已提到佛教與心靈、社會道德的關係，接下來再回到信仰實踐的層面。通常認爲，法律、道德、信仰是社會的三大基石，其中，法律是世間共處的規約，道德是社會良知的意識型態，而信仰是對人生的終極追求。

佛教傳入中國，對整個文化和社會體系的影響很大，直到今天，依然影響著大眾的世界觀、人生觀、生死觀。我們也看到，不論過去還是現在，佛教都被社會大眾賦予期望，認為佛教可以做為傳統文化的載體，把社會帶向和諧、美好的方向。現在社會上的戾氣很重，我們想知道，在道德提升、心靈體驗，及引導大眾尊重生命、彼此善待等方面，佛教能扮演什麼樣的角色？

濟：在今天這個時代，很多人沒有敬畏心，急功近利，甚至以利益最大化做為人生追求，為牟利不擇手段，不懼犯罪。這在很大程度上和缺乏信仰有關。

如何建立敬畏心？需要引導人們思考終極問題，不僅看到這一生，看到眼前利益，還要關注生命的未來。在無盡輪迴中，今生幾十年是非常短暫的，即便現在富甲天下，一口氣不來，這些財富和你有什麼關係？如果缺少對終極價值的關懷，我們是看不到生命意義的。有些人事業做得很大，很風光，有一天突然面臨死亡，想到這些對他毫無意義，什麼都抓不住，就會茫然不知所措。

只有透過對終極問題的思考，才能看到生命的有限性和無限性，在當下這短短一

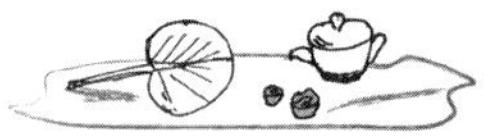

生中，還蘊含著無限。當生命走到終點，名利財富分毫都帶不走，但造作的業力將生生世世伴隨我們，決定未來走向，所以人不能僅僅爲現實利益活著，還要爲究竟意義努力。佛教所說的因果思想，貫穿生命的過去、現在、未來，所謂「善有樂報，惡有苦報，不是不報，時候未到」。當我們有了這些思考，就知道該捨棄什麼，選擇什麼，而不是任意妄爲了。另一方面，也能由此看到生命的差別，對有德者見賢思齊。

那麼，如何讓人與人的關係更和諧？西方哲學是二元論，人與人、人與世界是彼此對立的。在東方哲學中，印度婆羅門教提出梵我一如，中國儒家宣導天人合一，都是相融而非對立的關係。而佛法依正不二的思想，則從空性、覺性的層面指出，一切眾生和天地萬物在本質上是一體的。當我們建立這樣的認識，自然會減少人與人之間的對立。此外，佛教還從緣起的理論說明，在無盡輪迴中，一切眾生都曾經是父母、兄弟、姐妹的關係，是相互關聯的。如果我們建立這樣的認識，自然會善待他人。

儒家倫理是建立在仁愛基礎上，宣導「仁者愛人」，讓我們從愛身邊的人開始，進而擴大到所有人。佛法所說的大慈大悲，更教導我們關愛一切眾生，而不僅僅是人類。這些都是幫助我們開啓並建立良性的生命品質，讓內心更健康，讓人生更幸福。愛和慈悲的缺失，在很大程度上，是因為我們認識不到這些品質蘊含的價值。這就需要從觀念上引導，讓大家看到，愛和慈悲不僅對自己有益，當它傳遞出去，當越來越多的人有愛心、有慈悲，就能減少人與人之間的對立，消除衝突和矛盾，使社會更加和諧。

魏：剛才濟群法師談到佛教宣導的倫理道德，強調了信仰的重要性，這點非常重要。我現在要談的和法師不重複。我認為佛教有旺盛的生命力，它的廣泛適應性還在於，在信仰領域外，對社會大眾有積極的影響、寶貴的價值。

回顧歷史可以看到，佛教傳入中國後，經歷了再創造的過程。中國信仰者撰寫了新經典，宣導了新教義，建立了新宗派，打造了新聖地，創造了新藝術，推出了新造像。以最後一點來說，我們現在看到的彌勒佛，就是在印度原有的彌勒經典的敘述基礎上，加入更多國人追尋和重視的眞善美的成分，強調樂觀、豁達、和平、友好，宣揚對現實社會的熱愛，對美好未來的期盼。其中蘊含的精神內容，是可以大力弘揚的。

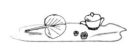

在現代社會，隨著科技的發展、經濟的繁榮，人們的生活水準不斷提高。甚至有人說，過去人們不敢預見一百年後會怎樣，現在我們不敢預見二十年後會怎樣，可見科技和經濟發展之快。特別是近一個世紀以來，科技對人類社會的推動力遠遠大於過去，在這樣的背景下，人們的精神更需要營養。

千百年來，不知多少人透過佛教解決了人生困惑，找到了解脫智慧，汲取了知識學問，撫慰了心靈創傷，這樣的例子非常多。在這些方面，佛教發揮作用的空間將越來越大。比如現在人心態不好，在處理人際關係時，很容易萌發「羨慕、嫉妒、恨」。看到對方生意做得好，工作有成績，所得利益多，不論是熟人還是陌生人，就覺得他是不是走後門了，是不是幹好事弄來的。事實上，羨慕、嫉妒、恨是讓自己受害。如果我們從佛教的智慧寶庫中吸取一點營養，把羨慕、嫉

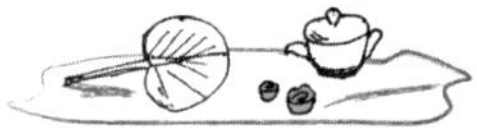

妒、恨轉變爲慈悲喜捨，也不要求多高深，就是看見別人得到利益時，無條件地爲他高興，爲他喝彩。這樣做的話，對他人有好處，對自己有好處，對整個社會也有好處。

關於佛教在當今社會啓發的積極作用，我們回顧過去，就能得到新的精神資源，樹立對傳統文化的自信，對本民族文化的自尊，使古老的宗教文化和倫理道德煥發出新生命。同時我們還要讓佛教與現代倫理道德相結合，創造出中華民族新的精神境界。在整個人類歷史上，只有中華民族的文化，歷經五千年生生不息，特點正在於此。在未來，佛教也將與時俱進，煥發出新的活力。

佛教與一帶一路

孫：我們現在回到主題——一帶一路，文化互鑒。關於佛教的傳播，有些歷史研究者認爲，佛教從二十世紀開始的傳播，幾乎等同於一次全球化運動。它傳播的宗教理念、藝術形式，包括對社會道德、意識型態的影響，是被很多文明體一起接受的。中國歷史上也有類似情況，比如隋朝統一時，南北方經過三百年的分裂，文化差異很大，但佛教是雙方都能接受的，所以在國家鞏固統一時，佛教扮演了非常重要的角色。

我們現在提倡的一帶一路，或者說命運共同體，歷史上已經有過活生生的例子。在東亞，如日本、朝鮮半島，佛教是這些國家重要的文化組成部分，就像共同的語言，大家都能說上話，都能互相理解。隨著在歐美的傳播，佛教更具有世界宗教的性質。關於這個主軸問題，我們先請濟群法師從信仰的角度，談談自己的觀察和感想：在建立命運共同體、推進一帶一路的過程中，佛教扮演著什麼角色？

濟：本次論壇總主題是「交流互鑒，中道圓融」，各語系佛弟子在一起，探討佛教在當今時代如何健康發展，如何發揮自身作用，造福社會，這樣的交流意義重大。中道不是折中，而是平等客觀的如實之道，不帶偏見，不固執己見，也不故步自封，代表佛法最重要的智慧。

佛教在二千五百多年的傳承過程中，伴隨一帶一路，從印度傳到中國和東南亞各地，並逐步走向世界，在人類文明史上扮演了重要角色，在今天這個時代，佛教將承擔更爲重要的作用。十六世紀以來，基本上是西方物質文明在主導世界，帶來的問題日益突出。一方面，隨著物欲的膨脹，人對自我的迷失日益加深，看不清生命的眞正需求；另一方面，隨著人工智慧的出現，人們只關心科技的優化，卻忽略對自我的提升。

在人工智慧飛速發展的今天，我們的心態、人格、心理健康並沒有得到完善。事實上，心理疾病已成爲日益普遍的時代病，而伴隨人類的貪婪和欲望，又帶來社會和生態環境等各種問題。所以很多人對人工智慧心生恐慌，擔心被它所取代。從另一個角度說，如果科技越來越發達，但使用工具者缺乏健康的心態、健全的人格，世界勢必危機四伏。

怎樣才能發揮人類優勢，在人工智慧時代立於不敗之地？東方文化爲我們提供了智慧引導。從儒家重視的修身養性，到佛法宣導的明心見性，都是引導我們認識自己，而不是在物欲中迷失。認識自己是哲學的重要課題，在這方面，佛法不僅有系統的理論，還有完整的修行方法。從某種意義上說，生命也是一個產品。我們要成爲更美好的自己，必須對心性有透徹的認識，知道人性中有哪些不善的力量，又該如何消除；同時更要看到，如何開發生命中的良性力量，造就高尚的人格和生命品質。生命是可以透過選擇加以改造的，而佛法正是爲我們提供改造的智慧和方法。

「一帶一路」是構建人類命運共同體的實踐，給各國民眾帶來了豐富的物質生活，與此同時，我們還要發揮東方文化的長處，爲世界提供精神養分。在這些方面，佛教有著取之不盡的智慧，既有對現實人生的指導，也有對終極問題的探討，是西方文化無法替代的。

孫：現在請魏教授從學術的角度談一談，佛教在建立人類命運共同體、促進各文明體的交流、一帶一路的推動等方面，在歷史上有哪些經驗可以借鑒，對現在又有什麼樣的觀察和思考？

魏：在構建人類命運共同體和一帶一路的建設過程中，佛教扮演著重要角色，可以從

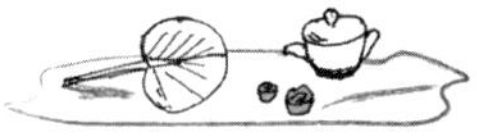

三點來概括：

第一，要做維護和平的使者。佛教在二千五百多年的發展和傳播過程中，始終體現出和平的形象，這是其他宗教所沒有的獨特性，今後要繼續發揚。

第二，要做增進友誼的橋樑，增進不同地區、國家、民族的相互認識和相互理解。在佛教史上，許多有成就的代表人物都是這樣做的。

第三，要做堅守信仰的表率。自古以來，不論哪個國家的佛教高僧，都是堅守信仰的表率。他們之所以被人紀念，不是因爲他們有名，而是因爲他們有德，爲追求眞理奮不顧身，成爲民族的脊樑。

在這三個方面，可做的具體工作非常多，本次世界佛教論壇就是一項重要工作。我在這裡只說一點，在構建人類命運共同體的過程中，佛教要理直氣壯地宣揚自身先進的、有價值的、經得起歷史檢驗的觀念。這些觀念很多，在此可以舉幾個例子。

第一，宣導平等，反對等級。佛教是從反對婆羅門教的種姓制度開始起步的，這點不但在過去發揮了積極作用，在當今世界也非常重要。佛教主張眾生平等，所以各個國家和民族都是平等的，不能認爲哪個國家優先，別的國家靠後。這個觀念要堅持下去，在當代很有意義。

第二，宣導和平，反對戰爭。在二千五百多年的歷史中，佛教從印度發展到全世界，從來沒有發動過宗教戰爭，這種精神正是人類未來所追求的，中國也要和平崛起。依靠霸權和戰爭崛起已經成爲歷史，現在的主調就是和平與發展，不是戰爭與對抗。

第三，宣導共處，反對獨占。人類要和睦共處，和合共生，地球是大家的地球，不是某個國家或民族的地球。人類要共同分享，而不是由誰來獨霸，否則其他人往哪兒去？

第四，宣導中道，反對極端。要大力發揚佛教的中道智慧，走向任何一個極端都是不行的。

第五，宣導圓融，反對隔閡，反對分裂，反對矛盾激化。現實世界中，處處存在

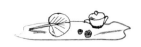

矛盾，我們的目的是消除矛盾，而不是激化矛盾。

這些經過歷史檢驗、積澱了多民族智慧的佛教理念，是有積極價值的，我們要理直氣壯、大張旗鼓地宣傳。用佛教的話說，這是功德無量的。

孫：感謝魏教授和濟群法師，相信透過他們詳細又富有感悟的講解，大家對佛教有了更多認識。佛教已綿延二千五百多年，不論在信仰、文化還是歷史領域，都扮演著非常重要的角色。我們期望學術得到推動，文化得到進步，佛法繼續弘揚。

5
玄奘心路與國人精神建設

—— 2017 年 9 月，爲戈友會會員開示。

不久前，我們當中的很多人在戈壁同行過，今天又在西園寺見面，可謂因緣殊勝。如果說我們之前走的是地理上的玄奘路，那麼現在要開始的，則是玄奘心路。

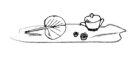

我和這條路因緣甚深。早在二〇〇六年，中央電視台組織「重走玄奘路」文化考察活動，我就受到邀請。雖然當時未能成行，但此後就和戈友會有了接觸，多次開講「玄奘的精神」。今年在大漠實地感受後，又有了新的認識。

從學法來說，我出家修行幾十年，著力最多的就是玄奘三藏弘傳的唯識宗。玄奘西行求法，正是爲了研習正宗的唯識理論，學成歸國後，他大量翻譯相關經典，如《瑜伽師地論》《成唯識論》等，並依此建立唯識宗，爲漢傳佛教八大宗派之一。此宗特點在於理論體系極爲嚴謹，一方面深入剖析了人的心理活動，將之分爲八識五十一心所，包括意識和潛意識；另一方面，透徹闡述了我們和世界的關係。我曾出版過《眞理與謬論》和《認識與存在》兩本書，分別是對《辯中邊論》和《唯識三十論》的解讀，這也是兩部重要的唯識經典，上世紀九〇年代初，我還撰寫過一系列關於唯識學的論文。可以說，我和玄奘三藏有著特別的法緣，對玄奘精神有著特別的情懷。

玄奘三藏是漢傳佛教四大翻譯家之一，其他三位分別是南北朝時期的鳩摩羅什、眞諦三藏，及稍晚於玄奘的唐代義淨三藏。玄奘三藏出生於隋代仁壽二年（西元六〇二年），圓寂於唐高宗麟德元年（西元六六四年。關於玄奘生卒年月，不同版本略有出入），出家五十年。唐貞觀二年（西元六二八年），他不顧安危，西行求法，所到之處聲名遠揚。歸國後，譯經達七十餘部，一千三百多卷，可謂前無古人，後無來者。

玄奘三藏不僅在佛教史上有著令人仰之彌高的地位，對中國傳統文化的發展及中外文化交流，也有著不可取代的影響。但對這樣一位歷史人物，社會民眾卻有頗多誤解。因爲小說《西遊記》的盛行，很多人把玄奘等同於那個懦弱無能、不辨正邪的唐僧，使他的眞實面貌逐漸模糊，其後某些影視作品的惡搞，更讓這個形象面目全非。

前些年，錢文忠教授在「百家講壇」開講《玄奘西遊記》，深受歡迎，在一定程度上還原了玄奘三藏的歷史形象。其後，中央電視台拍攝大型史詩劇情紀錄片《玄奘之路》，透過「亂世孤旅，絕域求生；生死兄弟，亡命淩山；穿越草原，踏上聖土；

隨風而逝，西天取經；享譽佛國，歸心似箭；嘔心瀝血，圓滿」六個篇章，講述了玄奘三藏爲法忘軀的求道決心，九死一生的西行歷程，使大眾對其生平有了更直觀的瞭解。個中史料主要來自玄奘口述、辯機筆錄的《大唐西域記》，及慧立、彥悰編撰的《大唐大慈恩寺三藏法師傳》。

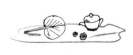

我們認識玄奘，不僅要瞭解他的經歷，還要透過這些經歷，認識其中的精神內涵，以及這些精神對我們的意義，這是當代人特別需要的。在物質高度發達的今天，人們的精神世界卻混亂不堪，心理問題層出不窮。爲什麼會這樣？原因在於，我們把追求都投向了物質；或者說，我們已被不斷更新反覆運算的各種產品占據了全部注意力，根本無暇旁顧，無暇關注精神需求。這樣的人生是辛苦的，也是茫然的、空洞的。

而玄奘三藏的求法歷程，體現了至高的精神追求。更重要的是，這種追求給後人留下了寶貴的精神財富，不論是對個人還是整個世界，都具有重要意義。正如魯迅先生所說：「我們從古以來，就有埋頭苦幹的人，有拚命硬幹的人，有爲民請命的人，有捨身求法的人……這就是中國的脊樑。」

我們今天效仿先賢，走上玄奘之路，重點是要認識到其中的精神內涵，將此導向人生道路，否則就會流於形式，從中所收穫的，和我們走另一條路未必有本質上的區別，甚至可以說，只是參加了一次以「玄奘」命名的戶外活動。現在很多人把事業的成功當作人生的成功，這是一個盲點，因爲人生意義在於生命品質的提升，而不是什麼外在結果。同樣的，當我們走上玄奘之路，也不僅是爲了到達某個具體位置，而是要以此爲起點，思考並選擇人生之路。相比於地理上的路線，走上玄奘心路，對生命才具有永恆的意義。

玄奘之路的內涵

理想、行動、堅持

戈友會的口號是「理想、行動、堅持」，應該怎麼理解這幾點？在座的多半是企業家，我們能在事業上取得成功，一定有自己的理想，並對理想有一份行動和堅持。

參與「玄奘之路」的活動，同樣是帶著理想而來——可能是爲了挑戰自己，磨煉身心；可能是爲了鍛煉團隊，培養協作精神；也可能就是爲了競技，爲了和他人一較高下……而我們能在幾天內走完規定路線，不僅要有行動，還要有堅持。在此過程中，相信大家會有很多感受，也會有不同程度的超越。此外，不少人透過參加這個活動，從辦公室走向戶外，生活方式得以改變，養成了良好的運動習慣。更有一部分人因爲這種行走，開始追問並尋找人生的意義。

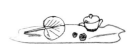

這些都是我們在「玄奘之路」的收穫。但僅僅這樣，和走另一條別的路，和去北極、南極，或是挑戰某座高山，有什麼本質的區別？當然，看到的風景不一樣，但對人生來說，是否增添了不一樣的風景？

我們是否想過，玄奘的「理想、行動、堅持」究竟是什麼？

玄奘西行，是爲了實現求法的理想。在此過程中，他身體力行，堅持不懈，從未放棄這一精神追求。他走過的每一步，不僅是地理的路線，更象徵著他的心路歷程。如果不瞭解玄奘的理想，我們也能從這條路上有所受益，但這不是玄奘之路特有的，更不是其中最有價值的部分。

一條路，兩種走法

「玄奘之路」包含兩個層面，一是看得見的地理路線，一是看不見的心靈之路。

單純從地理上說，古往今來很多人都走過這條路。它是兵家相爭的軍事之路，是盜匪出沒的蠻荒之路，是東西方貿易的絲綢之路。爲什麼現在強調它是「玄奘之路」？就是告訴我們：這是一條求法之路。

在這條路上，一代代先行者探索眞理，爲法忘軀；在這條路上，沒有捷徑，不能替代。古人如此，今人依然如此。我們只有認識到玄奘的求法精神，認識到他所求的法對人類的意義，才能從更高的角度，完整理解這條路的文化內涵，進而透過對先賢的追隨，使人生境界得以提升。

如果說，行走這條地理路線帶來的利益有十分，那麼我們瞭解玄奘心路，見賢思齊，探究生命眞相，建立精神追求，給人生帶來的利益將有百分、千分、萬分，乃至

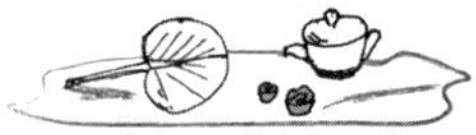

無限。這麼說並不是誇大其詞，當我們眞正認識到其中的價值，就會知道，這是怎麼形容都不爲過的——因爲這將幫助我們成聖成賢，造就高尚人格。

我們應該學習玄奘的理想，瞭解這種理想對人生的意義。帶著這樣的認識出發，我們所走的玄奘之路，就不僅是一次戶外徒步，不僅是對體能和意志的挑戰，更是解除生命永恆的困惑，追隨古聖先賢之道。我們從中收穫的，才是玄奘西行帶回的無價之寶。

無我、利他、覺醒

那麼，玄奘心路的精神內涵是什麼呢？可以用六個字來說明——無我、利他、覺醒。

無我，是佛法的核心思想，也是佛法不同於世間一切哲學、宗教的特徵所在。世人所有的努力都在張揚自我、成就自我，遺憾的是，我們往往在追求自我的過程中迷失了自己。佛法所說的無我，並不是要否定我們現有身心的存在，而是否定對自我的錯誤認識，引導我們放下狹隘的我執，透過智慧審視認識自己，透過修行體證找回自己。

利他，和無我是相輔相成的。當一個人放下小我，認識到自己和宇宙是相通的，和天地萬物是一體的，在此基礎上，才能對眾生建立無緣大慈，同體大悲，成就平等、無限的大愛。

無我和利他的修行，都是幫助我們走向覺醒。每個生命都有無明和迷惑，都會被種種煩惱干擾，如何才能斷除無明，解脫煩惱？佛法告訴我們，一切眾生都有佛性，這是生命的無盡寶藏，也是自我拯救的能力。一旦開發內在的覺醒潛質，將帶給自己和眾生無盡的福祉。

玄奘心路的意義，就是幫助我們找到自己、成就慈悲，從迷惑走向覺醒。

在本次靜修營中，我們將透過講座學習佛法智慧，認識生命眞相。進而透過如法的叢林生活和禪修訓練，培養專注和覺察的能力。當心靜下來，才能了了分明，就像水清月現那樣，使內在智慧逐步顯現，這將對人生具有不同尋常的意義。希望戈友們珍惜這一因緣，帶著在戈壁灘上不畏艱苦的精神和耐力，走上玄奘心路。

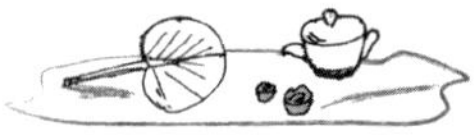

玄奘的理想及其意義

玄奘三藏的理想是求法。這個理想和我們有什麼關係？難道我們也要像玄奘一樣出家嗎？要知道，玄奘所求的法，是代表人生的大智慧，是引導我們從迷惑走向覺醒的指南。其中包括：文化傳承的意義、精神追求的意義、探究生命的意義、降魔成道的意義。這些是和我們每個人息息相關的。

文化傳承的意義

說到文化傳承，有人可能覺得是專家學者和相關領域的事，或者說，是那些文化人的工作範圍，和普通人的生活沒有多少關係。事實上，文化傳承直接關係到每個人的現實人生，我們會建立什麼樣的價值觀、什麼樣的思惟方式、什麼樣的生命品質，都離不開文化的影響。從小到大，我們在不知不覺中被植入種種觀念，形成自己的興趣愛好、生活方式，形成自己的人生觀、價值觀、世界觀，從某種意義上說，人就是文化傳承過程中的產品。當然，這個產品也會進一步參與並影響文化傳承。

自漢魏以來，中國傳統文化的主流是儒釋道三家。其中，儒家文化是國人爲人處世的基礎，告訴我們應該如何修身、齊家、治國、平天下，包括從個人生活到走入社會，從獨善其身到兼善天下的種種原則。西方經過啓蒙運動後，人文思想得以傳播，提倡平等、民主、法治、自由，這樣一種文化傳播，造就了現代的西方文明和生活方式。兩種文化雖然差異巨大，但都是立足於對現實人生和社會的關懷。

而印度文化關注的核心問題，是輪迴和解脫。他們認爲生命是無盡的延續，今生只是其中的一個片段，是通往未來生命的入口。人生最大的意義，是由認識輪迴走向解脫，所以不僅關心現實利益，也關心未來乃至究竟的利益，因此印度的宗教文化極其發達。

關於輪迴和解脫，印度各個宗教都做出解釋，進而提出自己的理論和修行方式，佛教也不例外。區別只是在於，佛陀是圓滿的覺者。當年，他遍訪印度各大宗教領袖，在他們座下修行，並達到和他們同樣的成就，卻發現那些都不究竟，是相似而非眞正的涅槃。之後，又經過不斷地探索，最終透過修習禪定和對緣起的觀察，證悟天眼

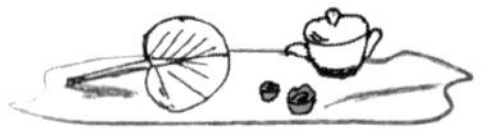

通、天耳通、他心通、宿命通、神足通和漏盡通，找到眞正的輪迴之因和解脫途徑。

這一思想體系傳入中國後，受到廣泛推崇，並迅速傳播。尤其是輪迴和心性的理論，可以說，塡補了中國哲學的空白。從儒家角度來說，基本上對現世以外的問題避而不談，所謂「未知生，焉知死」。但不認識輪迴，生命是沒有長度的。人生短短幾十年，至多也就過百而已，如果結束就沒有了，今生的努力還有什麼意義？當生命被切割成一個個片段，我們所做的一切，必然是短視而盲目的。

從另一個角度說，如果缺少對心性的認識，生命是沒有深度的。和動物相比，人類的理性特別發達，但理性是雙刃劍，用得好，可以幫助我們開發智慧，提升生命，不僅利益自己，還能利益他人；用不好，就會胡思亂想，形成錯誤觀念，帶來痛苦煩惱，不僅危害自己，還將危及他人乃至世界。自古以來的那些暴君，包括今天的恐怖分子，都是因爲錯誤使用理性，才會喪心病狂，做出種種損人不利己的極端惡行，帶給他人災難，讓世界因此動盪。

仔細想想，在我們所有的觀念中，有哪一樣不是受到父母、師長、社會、書籍的影響？即使那些我們認爲是自己思考的結果，追根溯源，依然離不開他人的引導和啓發。所以說，傳承一種智慧文化對每個人至關重要，這意味著我們從小就能接受健康的人生引導，建立正確的是非觀念。如果能夠這樣，社會還會處處充斥著急功近利的短視行爲嗎？

所以說，不論是對個人還是社會的發展，文化傳承都起著舉足輕重的作用，決定我們將成爲什麼樣的人，是文明還是野蠻，是智慧還是愚癡，是聖人還是凡夫。這種個體素質又會相互影響，進而決定整個社會的狀態，是和平還是動盪，是包容還是對立，是充滿關愛還是瀰漫戾氣。

玄奘正是看到其中的意義，所以在十三歲出家時，就立下「遠紹如來，近光遺法」的志向。從長遠來說，要繼承如來家業，使佛陀和歷代祖師傳承的正法久住世間；從當下來說，要以實際行動求法、弘法，令佛法發揚光大，廣利群生。

佛教從西漢哀帝元壽元年（西元前二年）傳入中國，其後，古德翻譯了大量經論。到玄奘所處的唐朝，天台、三論等宗派先後成立，漢傳佛教已趨於成熟。但玄奘

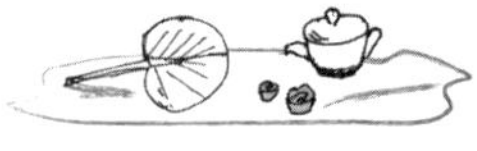

四處參學後，對各家之說反覆思惟，並和聖典加以對照，覺得還有尚未解開的疑惑，所以發願去印度求法，並請回完整的《瑜伽師地論》，以釋眾疑。

玄奘從西行開始，邊走邊學，十七年間，遍訪西域大德。除了在那爛陀寺跟隨戒賢論師聞法外，還在盛行聲聞乘的迦濕彌羅國修學兩年，並先後學習經部、大眾部、正量部、薩婆多部等各種經論，廣學多聞，從不空過。歸來後，又全身心地投入佛經翻譯，除了譯出眾多唯識典籍並成立唯識宗之外，還翻譯了重要經論如《大般若經》六百卷、《阿毗達磨大毗婆沙論》二百卷等，共一千多卷，是漢傳佛教乃至中華文化的珍貴寶藏。

這樣一種文化傳承，對漢傳佛教的建設，乃至中國文化、世界文明的發展，都具有無與倫比的價值。玄奘所創立的唯識宗，雖然在當時沒有產生太大影響，僅二三傳就式微了，但到民國年間，一些失傳的唯識典籍又從海外發現並被請回，使這一教法得以重光，引起教界和學界的廣泛重視。

唯識是立足於妄心系統的修行。我在弘法過程中，之所以能貼近現實，通俗易懂，就是因爲對唯識理論比較熟悉。在唯識經論中，對各種心行的特點、運作原理和相互關係闡述得非常細緻，並揭示了認識和世界的關係。雖然看起來名相繁多，但和現代心理學有較多交會點，從運用來說，更容易找到入手處。

我們學習佛法，不是爲了學而學，也不是爲了知道一些名相、增加一些素養，而是透過學佛認識自己，樹立正確的人生觀；進而依法修行，擺脫負面心行，發展良性品質，使生命轉迷爲悟。當一個人因爲學佛得到改變，就會或多或少地影響到他的家人、朋友、同事，而這些家人、朋友、同事，又會把這種影響帶給更多的人。所以，我們不僅要做智慧文化的受益者，還要以玄奘三藏爲榜樣，做智慧文化的繼承者和傳播者。

精神追求的意義

玄奘的一生，始終貫穿著精神追求。因爲他有豐富的精神需求，才能精進好學；因爲他有堅定的精神信念，才能爲法忘軀，臨危不懼；因爲他有強大的精神力量，才

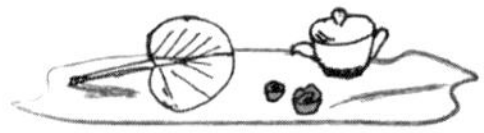

能淡泊名利，無我利他。

現代人對物質的迷戀，使得精神生活日益貧乏。我們熱衷於瞭解物質世界，改善物質生活，熟悉產品的更新換代、潮流更替。當我們說到物質追求時，會有非常明確的目標，知道自己要的是時尚衣物還是數位產品，是高端汽車還是豪華別墅，甚至對其中細節了然於胸，如數家珍。但在無止境的物質追求後，精神又於何處安放？

當然，人生在世首先要解決生存問題。在今天，凡是能正常工作的人，基本上沒有這個問題。遺憾的是，很多人雖已沒有生存之憂，所做的一切還是在解決生存問題——那就是賺錢，繼續賺錢，不斷賺錢……而賺到的錢也只是用於生存，更舒適地生存，消耗更多資源地生存，此外沒有更高的意義。可以說，生存是爲了活著，活著是爲了生存。

其次是生活問題，即提高生活品質和品位。比如現代人熱衷旅行，以開闊視野；或鍾情藝術，以陶冶情操；或品茗識香，以修身養性，等等。總之，就是讓生活多一些愛好，多一些情調，多一些讓精神愉悅的內容。

第三是生命問題，要找到活著的眞正意義，建立健康的生命品質。在心理疾病日益普遍的今天，這個問題顯得尤爲重要。很多人之所以抑鬱、自閉甚至走上絕路，雖然有各種原因，但根源就在於不知道活著的意義。既然活著都沒有意義，世間還有什麼值得留戀的呢？

從生存到生活，從生活到生命，物質所能做的，就是解決生存問題，改善生活條件，而生活品質乃至生命品質都是由精神因素決定的。現在很多人富有了，幸福卻沒有隨之而來，爲什麼？就是因爲心態有問題，因爲缺乏正向的精神生活和追求。當一個人的精神世界扭曲了，物質只能加速他的變態；當一個人的精神世界坍塌了，再多的物質也無法支撐它、復原它。所以在基本生存得到保障後，我們更應該重視精神追求。

說到精神追求，大致可以包括三個方面。首先，是對文學藝術等精神食糧的希求；其次，是對心靈和精神自由的希求；第三，是對高尚人格和生命品質的希求。從佛教角度來說，這三點又有特定內涵。首先，是對佛法眞理的希求；其次，是對解脫自在的希求；第三，是對佛菩薩生命品質的希求。

一個產品是由各種零件組成的，同樣的，我們的存在也是由各種心理因素組成的。正是它們，造就了我們的心態、人格和生命品質。如果心態安寧平和，有豐富的精神世界，即使生活清貧，一樣可以樂在其中，就像孔子那樣，「飯疏食飲水，曲肱而枕之，樂亦在其中矣」。而在佛經和祖師大德的傳記中，這樣的記載比比皆是，可見眞正影響我們感受的不是物質，而是精神。

那麼，如何造就良好的心態乃至生命品質？離不開對心性的瞭解。關於這些問題，在玄奘翻譯的唯識典籍中有詳盡的闡述，比如唯識學講到八識，除了我們可以感知到的眼、耳、鼻、舌、身、意前六識，還提出潛意識的概念，即第七末那識和第八阿賴耶識。其中，第八阿賴耶識儲藏著我們所有的生命經驗，並做爲生命的載體，貫穿生命的過去、現在和未來。瞭解心行的運作規律，我們就能針對性地加以調整。

在我們的心靈世界，有佛性，也有魔性；有正面的良性心理，也有負面的煩惱心理。修行，就是解除煩惱、發展良性心理的過程，最終像佛菩薩那樣，圓滿智慧和慈

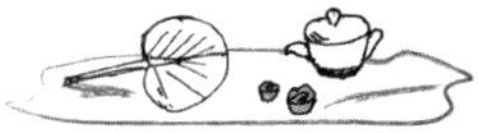

悲兩大品質。想要做到這些，必須發菩提心，建立崇高的利他主義願望。這一願望有兩個面向，一是以追求生命覺醒爲目標，二是以勸說一切眾生從迷惑走向覺醒爲己任。可以說，這是最高尚的精神追求。

如何實現這一精神追求？佛教有專門的修行方法。當年，玄奘三藏之所以要到印度求法，主要是爲了得到《瑜伽師地論》的傳承，後來他在那爛陀寺聽講此論三遍，並在回國後將之翻譯爲中文。在這部論典中，系統闡述了菩薩道的修行過程，尤其是〈菩薩地〉這一品，對如何造就菩薩品格做了詳細介紹，是我們學做菩薩的重要指南。

當我們沒有精神追求時，很容易把物質追求最大化，正是這種物欲的極度膨脹，帶來了心靈的扭曲，以及種種社會問題。甚至在稱爲象牙塔的高校[1]內，惡性案件也

1 在中國大陸，大學、專門學院、高等職業技術學院、高等專科學校等，統稱為「高等學校」，簡稱「高校」。

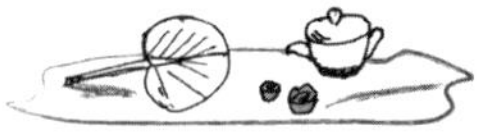

時有發生。所以，今天的人特別需要正向的精神引導，需要對人生重新定位，而玄奘三藏正是精神追求的典範，他以自己不平凡的人生歷程，爲我們詮釋了精神追求的意義所在。

探究生命的意義

每個生命都有與生俱來的困惑。古往今來，人們始終在追問：我是誰？我從哪裡來，到哪裡去？活著爲了什麼？這是人類永恆的困惑，也是生命的終極問題。或許有人會覺得，這些問題過於抽象，不想也罷。但問題不會因爲我們的忽略就消失，哪怕你刻意迴避，它也會在某個時刻悄然浮現心頭。讓你覺得，現實中的一切都在這個大背景下變得有些虛無，有些茫然。當問題出現時，我們是掩蓋它，還是面對它？

這些問題，正是玄奘西行求法的動力所在。佛法不是抽象的玄談，也不是形而上的哲學，而是人生的大智慧，是解決一切迷惑的指南。當年，佛陀就是因爲看到老病死，開始追問生命眞諦，所以出家修行，最終成爲覺者，找到了答案。

玄奘西行，同樣是基於對生命的探究。當我們說到「求法」時，似乎「法」就是目的，但我們要知道，這個「法」既是指經典法本，更是指其中蘊含的生命眞諦、解脫方法。正如《三藏法師傳》所說的那樣：「誓遊西方以問所惑，並取《十七地論》以釋眾疑。」他的求法，不是爲了讓自己更博學，也不是爲了去佛教發源地鍍金，而是要解決心中的疑惑，進而解決大眾的疑惑。正是對眞理的孜孜以求，才使他如此精進好學，不畏艱辛，甚至捨棄生命也在所不惜。

佛教從印度傳入中國，到唐朝時已經翻譯了一部分經論，但因語言及所譯經本不完整等種種問題，還有未盡如人意之處。玄奘在參學過程中，對很多問題「驗之聖典，亦隱顯有異，莫知適從」，於是就促使他去找尋答案。從這個意義上說，玄奘求法的過程，就是不斷探究生命眞相，解答人生困惑的過程。

關於人生困惑，不僅玄奘存在，也是每個生命終將面對的。或者說，只要你不甘心像動物那樣活著，就必須解決這些問題。在玄奘翻譯的《瑜伽師地論》《大毗婆沙論》《俱舍論》等經論中，對這些問題都有完整而詳盡的闡述。

12
1
2
3
4
5
6
7
8
9
10
11

當然，今天的人不必像玄奘那樣歷經艱辛，不需要翻山越嶺、萬里迢迢地求法。不過我們要知道，雖然現在足不出戶就可以閱讀經典、修學佛法，但還是要基於對生命的探究，才能把法落實到心行，進而產生作用。如果沒有探究生命眞相的願望，沒有找到答案的決心，學佛往往會流於表面，能夠知道一點道理，讓心態變得平和些，便覺得滿足了。這樣的話，就遠遠沒有發揮佛法應有的作用。

我學佛幾十年，不是因爲自己信仰佛法，對佛教有感情，所以要去傳播。而是因爲在修學過程中，使我對生命和世界的認識越來越清楚，越來越透徹。透過佛法智慧，我找到了人生的價值、意義和歸宿，也找到了這些終極問題的答案，所以才會不遺餘力地學法、弘法。

透過《三藏法師傳》可以看到，對玄奘來說，如果不瞭解生命眞相，人生是不值得經歷的。而佛法正是解決這個問題的唯一途徑，認識到這一點，我們就不難理解他「寧可就西而死，豈歸東而生」的決心了。這不是意氣用事，也不僅僅是對西行的堅持，而是對人生道路的抉擇。

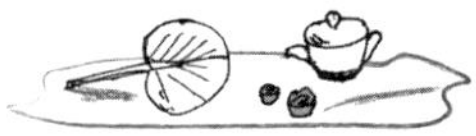

降魔成道的意義

西行途中，玄奘經歷了數不清的艱辛和危險。在這個過程中，既要克服身體的極限，更要戰勝內心的障礙。從佛教角度來說，一切困難都是我們內在心魔的外化，玄奘取經的過程，正是不斷戰勝心魔的過程。

這種考驗從準備西行就開始了。當時，同道「結侶陳表，有盟不許，諸人咸退，唯法師不屈」。而在之後的行程中，西行還是東歸的考驗接踵而至，伴隨他的整個旅程。其中，有官兵阻攔、勒令東返的考驗；有嚮導退心、棄之不顧的考驗；有妖鬼幻境、倏忽千變的考驗；有迷失道路、滴水不存的考驗；有翻越雪山、穿行沙漠的考驗；有被迫獻祭、命在旦夕的考驗；還有國王強留、威逼利誘的考驗，等等。面對每一次考驗，玄奘從來都沒有絲毫動搖。

縱觀玄奘的一生，除了精進好學，還有爲法忘軀、淡泊名利、臨危不懼和無我利他等精神。所有這些精神，都是代表他對心魔的超越：爲法忘軀，是對生死的超越；淡泊名利，是對名利的超越；臨危不懼，是對恐懼的超越；無我利他，是對自我的超越。

凡夫都以自我爲中心，這個自我，是由自我的重要感、優越感和主宰欲組成，希望自己比別人更重要、更優越，從而讓別人順從於我。多數人的一生，都在爲這三種感覺而努力。這個社會之所以有競爭、有攀比、有壓力，也是由這三種感覺造成的。

但這些感覺是無常的，你今天覺得自己重要，明天可能就不重要了；你在這裡重要，換個地方可能又不重要了。如果在乎這三種感覺，就會執著名譽、地位等外在支撐，一旦這種執著變成依賴，就會引發焦慮、恐懼、患得患失等負面情緒。所以我們總是沒有安全感，總是擔心別人算計自己，而且這種擔心會把自己封閉起來，和他人形成對立。其實，算計自己的不是別人，正是自己的心魔。正是它，在控制你，使喚你，傷害你。

可以說，學佛就是降伏心魔的過程，釋迦牟尼在菩提樹下即將成道時，同樣經歷了降魔的過程。當時，天魔波旬帶著他的魔女前來，用美色和利益加以誘惑，試圖干擾佛陀成道。但佛陀本身就是王子，爲了追求眞理，主動放棄家庭、財富、權力，選擇了一無所有的修行道路，怎麼還會爲之所動？看到美色和利誘沒有效果，波旬又派

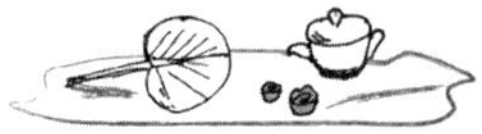

出魔軍加以恐嚇，刀光劍影中，佛陀依然如如不動。因爲佛陀已經戰勝內心的所有煩惱，沒有愛欲，就不會被美色誘惑；沒有貪著，就不會被利益干擾；沒有恐懼，就不會被刀劍嚇退。

佛陀成就的功德有三種，首先是斷德，消除內心的一切煩惱和負面心理；其次是智德，成就認識自己、通達諸法的智慧，包括根本智和差別智；第三是悲德，即大慈大悲的品質，沒有一個眾生是自己不願利益、不願幫助的。其中，智德和悲德都是建立在斷德的基礎上，如果不能調伏心魔、斷除煩惱，智慧就會有欠缺，慈悲就會有染污，是不可能眞正圓滿的。

佛陀由降魔而成就菩提，玄奘由降魔而求得眞經，這也是每個修行人必須面對的考驗。佛法認爲，一切眾生成佛之前，都在魔的控制下。這個魔首先是心魔，即煩惱魔、五蘊魔、死魔；其次是外魔，又稱天魔，從廣義來說，也包括一切困難障礙。外在的魔之所以能對我們產生干擾，關鍵在於心魔。因爲有心魔，才能裡應外合，興風作浪，一旦戰勝心魔，外在的魔就無能爲力了。

玄奘的行動和堅持

如果說樹立理想是起點，那麼實現理想才是終點。在此過程中，需要積極的行動，更需要不懈的堅持。那麼，玄奘的行動和堅持都體現在哪些方面？我覺得主要有五點，即精進好學的精神、爲法忘軀的精神、淡泊名利的精神、臨危不懼的精神、無我利他的精神。

這些精神可以透過《大唐大慈恩寺三藏法師傳》《大唐西域記》等著作來瞭解，至少也應該看一看《玄奘之路》的紀錄片。有道是，榜樣的力量是無窮的，因爲有榜樣爲標杆，我們才能看到自身的局限。否則，每個人都活在自己的觀念和慣性中，還會用很多理由來證明自己是正確的，很難超越。我們要更新現有系統，升級生命版本，就要植入智慧的文化，學習榜樣的精神。

精進好學的精神

從《三藏法師傳》的記載看，玄奘自少年起就志向遠大。他十三歲請求出家時，因年幼不被錄取，但在面對「出家意何所爲」之問時，一句「遠紹如來，近光遺法」的答覆，卻使考官深嘉其志，破格錄取。僅此一例，即可見其善根深厚，非同凡響。

從出家到發願西行前，是玄奘在國內的學習階段。期間，他遊學於洛陽、漢川、成都、長安等地，這些都是當時的義學中心。玄奘先後依景法師學《涅槃經》，依嚴法師學《攝大乘論》，依基、暹二法師學《攝論》、《毗曇》，依震法師學《迦延》，依深法師學《成實論》，依岳法師學《俱舍論》，並在受戒後學習五篇七聚，究通諸部，具有極高的佛學造詣，被譽爲「釋門千里之駒」。是以，時常應邀講經，說法善巧，爲人稱歎。

儘管當時的玄奘已譽滿京邑，前途光明，但他並不以此爲足。在四處參學、遍謁眾師的過程中，玄奘詳考其理，覺得各家之說隱顯有異，不知如何取捨，所以發願西行，到佛教發源地印度深入學習，以釋眾疑。

這一走，就走了近二十年，遍歷一百多個國家，行程五萬里。期間，雖然歷經常人難以想像的艱辛，但只要遇到有名望的大德，他都會依止聞法，虛心求教。先後學習了《毗婆沙論》《俱舍論》《順正理論》《因明》《聲明論》《經百論》《廣百論》《對法論》《顯宗論》《理門論》《眾事分毗婆沙》、經部《毗婆沙》《怛埵三弟鑠論》《隨發智論》、佛使《毗婆沙》、日冑《毗婆沙》等經論，並在佛教盛行的迦濕彌羅國停留兩年，修學多種經論。

玄奘到達印度那爛陀寺之後，「聽《瑜伽》三遍，《順正理》一遍，《顯揚》《對法》各一遍，《因明》《聲明》《集量》等論各二遍，《中》《百》二論各三遍」，鑽研諸部，兼學梵書。

在那爛陀學習五年後，玄奘又前往印度各地繼續參學，先後隨薩婆多部二大德就讀《毗婆沙》《順正理》；在南憍薩羅國學《集量論》；隨大眾部二大德學《根本阿毗達摩》等論；至缽伐多國學正量部《根本阿毗達摩》《攝正法論》《教實論》等；依止勝軍論師兩年，學習《唯識抉擇論》《意義理論》《成無畏論》《不住涅槃》《十二因緣論》《莊嚴經論》，並請教《瑜伽》《因明》等經論中的疑惑。

玄奘參訪地之多，學習量之大，涉及面之廣，即使在交通便利、資訊發達的今

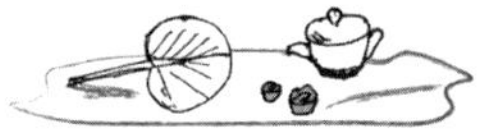

天，也是難以想像的。這固然和他天賦異稟有關，但更離不開精進好學的精神，離不開對佛法眞理的渴求。這也是今天的佛弟子，乃至每個人特別需要學習的。

我們現在有了如此便利的聞法條件，足不出戶就能在網上遍訪各地大德，不僅有漢傳的，還有藏傳和南傳的。而古德冒著生命危險帶回的經典，在網上也能隨時查閱並下載，打開電腦或手機，就有海量經典可供選擇。但我們是否想過，它們究竟是怎麼來的？我早年在廣化寺學律時，還需要手抄學習資料，而在一千多年前，這些經典不僅要一字一句地抄寫，一字一句地翻譯，還要跋山涉水、九死一生地從西域取回。很難想像，如果不是這些古德捨身求法，當佛教在印度消亡後，人類將失去多少精神寶藏，多少智慧光明。可以說，他們在不同程度上改寫了世界的文明進程，而玄奘三藏正是其中濃墨重彩的一個篇章。

但我們學習了什麼？收穫了什麼？我們缺少的，其實就是聞法的意樂、好學的精神。如果沒有這一點，即使資料再多，學習再便利，也是不能於法受益的。就像把頑石置於海中，哪怕海水再浩瀚，也不能被石頭吸收。

為法忘軀的精神

玄奘三藏的一生，是學法、求法、弘法的一生。爲了追求眞理，他從未顧及自身安危，甚至將生死置之度外。當年準備西行求法時，因爲國家不允許百姓出關，同行者都退卻了，只有玄奘不改初衷。在他心目中，求法是身爲佛子的使命所在，也是效法先賢的實際行動。正如他所說的那樣：「昔法顯、智嚴亦一時之士，皆能求法導利群生，豈使高跡無追，清風絕後？大丈夫會當繼之。」

漫漫西行路，是一望無垠的沙漠，人鳥俱絕的戈壁，峻極於天的雪山。玄奘孑然孤行，四顧茫茫，唯有前人骨骸做爲路標。一路上，除了極端惡劣的自然環境，還要面對難以預料的突發危險。這是對身體的考驗，更是對心力的挑戰——是進是退，何去何從？每一次，玄奘的選擇從來沒有改變，那就是向西，向西……

從玉門關第四烽至野馬泉途中，杳無人煙，玄奘走出百里後就迷路了。禍不單行的是，又失手將水囊打翻，千里行資一朝斯罄，萬般無奈之下，只得重返第四烽。回轉十多里後，他又想到：「我先發願，若不至天竺，終不東歸一步，今何故來？寧可

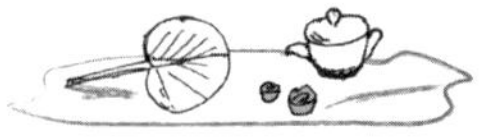

就西而死，豈歸東而生！」思及此，毅然掉頭西進。我們設身處地地想一想，這需要多大的勇氣！和這種生死攸關的危難相比，我們在人生中遇到一些障礙，算得了什麼？但我們面對障礙時，又是如何選擇，如何取捨的？

爲什麼玄奘會有「寧可就西而死，豈歸東而生」的決心？因爲他已確認，眞理才是人生最爲重要的，如果不能找到眞理，人生將毫無意義。所以，哪怕爲求法付出生命，他也在所不惜。可見，我們的每一次取捨，都反映了我們的價值觀，反映了心目中的孰輕孰重。

經過種種艱苦卓絕的危難後，玄奘又要面對另一重考驗。西域高昌王對玄奘禮敬有加，極意挽留，起初是動之以情，曉之以理，見玄奘執意不從，便轉而加以威脅，給他兩個選擇：或是留在當地，或是遣送歸國。爲表明自己西行求法的志向，玄奘毅然絕食，水米不沾。三天後，終於使高昌王爲之動容，並相約求法歸來後至高昌國弘法三年。

玄奘三藏到達印度後，爲了護持並弘揚大乘佛法，多次與他宗或外道展開辯論。

在曲女城大會上，更是做爲論主，公開接受十八國僧人及外道的挑戰。按照印度傳統，宗教之間的辯論絕不僅僅是口舌之爭，更是關係到生死存亡的大事。落敗的一方，或是改變信仰，或是砍頭相謝，代價可謂大矣。所以，參與者既要通達法義，還要有爲法捨身的大無畏精神。

取經歸來，爲了使這些經論在漢地得到弘傳，玄奘三藏又投入浩大的譯經工程中。雖然年事已高，加上西行途中因環境惡劣而落下病根，仍不辭勞苦地日夜翻譯。每日三更睡，五更起，並定好進度，如果白天有事不能完成，晚上必然將之補足。可以說，從踏上西行之路的那天起，他就一直在用自己的生命踐行，爲正法焚膏繼晷，傾其所有。

如此種種，充分體現了玄奘爲法忘軀的精神。

淡泊名利的精神

玄奘三藏西行之前，在國內已聲名鵲起，供養豐厚。但他爲了追求眞理，對這些

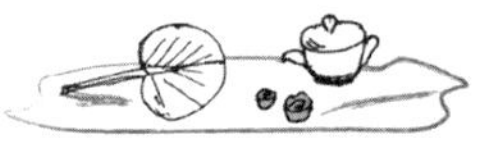

成就、名利、地位棄若敝屣，毅然西行。玄奘在求法途中，因爲學識淵博，說法善巧，聞者無不口口相傳，稱揚讚歎，美名傳遍西域。所經之地，各國國王熱情接待，尤其是高昌王麴文泰，千方百計地加以挽留，並許以國師之位。不僅全國民眾都要尊重他，接受他的教化，連國王也要恭敬禮拜，隨之受學。對於這樣的榮譽和地位，玄奘依然不爲所動。

到達那爛陀寺後，這個印度佛教的最高學府，同樣爲玄奘提供了優越的參學條件。不僅免諸僧事，供養豐厚，還有淨人照料生活。在此期間，玄奘透過與外道、小乘和中觀學者的多次辯論，所向無敵，聲譽日隆，並受到當時印度最有權勢的戒日王和鳩摩羅王的特別禮遇。二王爲爭奪這位遠方高僧，差點兵戎相見。他們對玄奘的敬重程度，由此可見一斑。

尤其在曲女城大會上，玄奘爲五印度十八國的沙門、婆羅門和外道開示大乘微妙之理，名滿印度，如日中天。大乘弟子稱之爲「摩訶耶那提婆」，即「大乘天」；小乘弟子稱之爲「木叉提婆」，即「解脫天」。

在佛國聖地獲得的無上榮譽和成就，並沒有讓玄奘以此爲足。因爲他求法的目的不是爲了出人頭地，而是爲了廣利群生。所以在聽聞諸部甚深法義，解決修學疑惑後，就發願以所聞歸還翻譯，使漢地信眾也能得蒙法益。他謝絕了各國國王的珍寶供養和殷勤挽留，帶著舍利、佛像、法寶返回中土。

當玄奘三藏從西域載譽歸來，唐太宗對他的見識廣大和酬對得體極爲讚賞，屢次勸師還俗，輔佐政務。但玄奘志不在此，反覆推辭，才得甘休。因爲深得皇家賞識，玄奘獲得了最高禮敬和豐厚供養，可是他總是隨得隨散，或營造塔像，或佈施窮苦，十方來，十方去。

縱觀玄奘的一生，不僅對世間的名聞利養、高位重權毫無興趣，對自己在佛國取得的無上榮譽也淡然處之，充分彰顯了一個出家人不爲物役、不爲名累的情懷。

臨危不懼的精神

在玄奘三藏的西行求法途中，除了險峻的環境、惡劣的氣候，還有官兵、盜賊等種種威脅。因爲玄奘當初是偷渡出境，一旦被人發現，不僅要遣送歸國，前功盡棄，還會因此獲罪。爲了避人耳目，他只能晝伏夜行。但出發不久，所雇胡人嚮導就因害怕被捕而退心，甚至以刀逼迫玄奘返回。此後，玄奘只得孤身前行。每遇危難，就至心稱念觀音名號及《般若心經》，把生死全然交付三寶。就這樣，逢凶化吉，渡過重重危難。

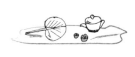

最驚險的一次，是從阿逾陀國前往阿耶穆佉國途中，遇到一群祀奉突伽天神的強盜。他們見法師相貌莊嚴，儀態端正，準備將他做爲供品，殺取血肉，用以祭祀天神。在走上祭壇、刀刃近身的危急時刻，法師沒有驚慌失措、悲戚懊惱，而是禮敬十方佛，並專心憶念彌勒菩薩。如此，竟如親赴彌勒淨土，全然忘卻身在祭壇，四周更有賊眾虎視眈眈。正是對三寶的虔誠信心，使他再次感應道交，轉危爲安。

在玄奘心中，已經找到生命的最高意義，所以能在生死關頭保持鎮定，知道自己該怎麼做，也知道做什麼才能眞正利益未來生命。這些非同尋常的表現，不僅讓賊眾感到驚異，最後還被他的德行感召，洗心革面，重新做人。

無我利他的精神

玄奘三藏的一生，就是爲了法，爲了眾生，從來沒有爲了自己。西行時，他不顧個人安危；辯經時，他不懼性命攸關；譯經時，他不惜廢寢忘食。如果一個人連生命都可以付出，還有什麼不可以付出的呢？

從童眞入道起，他參學、求法、弘道，幾十年如一日，始終不忘「遠紹如來，近光遺法」的使命。即使在艱苦卓絕的西行途中，他也隨處施教，接引有緣。不僅教化佛教徒，還爲外道國王說人天因果，贊佛功德，甚至以德報怨，爲準備殺他祭祀的賊眾說惡業苦報並授五戒。玄奘三藏所到之處，人皆稱歎，美名遠揚。這既是因爲他學識淵博，同時也是被他這種無我利他的精神所感召。

玄奘在印度求學期間，佛學造詣突飛猛進，即使在大德輩出的那爛陀，也可謂出類拔萃。從道友到國王都敬慕其才，誠意挽留。對玄奘來說，雖然這是佛陀成道說法的聖地，但他西行的目的是廣利群生，既然參學之願已了，當務之急，就是要「以所聞歸還翻譯，使有緣之徒同得聞見」，所以歸心似箭，無意停留。這種無我利他的發

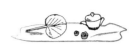

心，深爲他的師長戒賢論師所贊許：「此菩薩意也。吾心望爾，爾亦如是。」

學成歸來後，玄奘嘔心瀝血地翻譯佛經。因爲深感人命無常，來日無多，他對譯經傾注了大量心血，每天都要安排進度，如果白天有事不能完成，就連夜再翻。除了譯經，他還要履行慈恩寺上座的職責，講經答疑、處理僧事、教誡弟子。因爲時間緊迫，他總是「三更暫眠，五更復起，讀誦梵本，朱點次第」，爲白天的翻譯做好準備。在這樣夜以繼日的忙碌中，終於積勞成疾。

即使在患病期間，他想的依然是大眾。當時因爲某些不合理的政策，部分僧尼、道士受到不公平對待，玄奘三藏不顧自己疾病纏身，毅然爲之進言，終於使朝廷收回成命，令各地修行者得以安心辦道。

至於他自己，往往只能在深夜譯經結束後「禮佛行道」，幾乎沒有多少時間用於個人修行。但從菩薩道的角度來說，無我利他本身就是最好的修行，而這點貫穿了玄奘的一生，不論他在哪裡，處於什麼樣的境地，只要有因緣，就積極利他，在所不辭。乃至臨命終時，還在廣行供養，「願以所修福慧回施有情，共諸有情同生睹史多天彌勒內眷屬中奉事慈尊，佛下生時亦願隨下廣作佛事，乃至無上菩提。」

玄奘之路與人生

總之，玄奘之路不僅是一條地理的路線，更是傳承文化之路，是精神追求之路，是探究生命之路，是降魔成道之路。其中，包含他精進好學、爲法忘軀、淡泊名利、臨危不懼、無我利他的精神。所有這些，共同構成了玄奘之路，這是他用理想、行動、堅持造就的，也是他用人生造就的。

對比玄奘的理想，再來審視自己，看看我們的理想是什麼？是立足於一件事，立足於這一生，還是立足於生命的過去、現在和未來？社會上多數人追求的，無非是財富、事業、地位，無非是身體健康、家庭美滿；進一步，則是思想、藝術、發明創造……，雖然這些也能給人生帶來利益，但都是暫時的，不能從根本上提升我們的生命品質。

說到生命品質，可能有些人會覺得抽象，認爲和現實人生關係不大。事實上，這不僅和每個人密切相關，而且時時刻刻在產生作用，小到怎麼看待生活中的人和事，

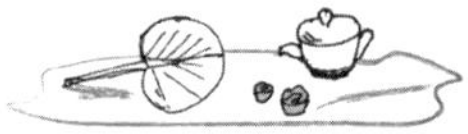

大到怎麼做出人生選擇，都離不開生命品質的影響。所以，當基本生存不是問題時，影響幸福的主要因素，就是我們的觀念、心態和生命品質。

看看人數不斷上升的心理疾病患者，看看他們的痛苦、掙扎、絕望，看看他們遭受的無盡折磨，我們就會知道良好的心態乃至生命品質是多麼重要。事實上，這不僅對自身重要，對我們的家庭、親友，包括所做的企業同樣重要。只有具備良好品質，我們向他人傳遞的才是正能量，而非相反。在面對社會大眾時，才會得到更多的認同和幫助。

怎樣提升生命品質？離不開對智慧文化的學習。否則，我們往往會局限於眼前的利益得失。尤其在今天這個時代，資訊鋪天蓋地，各種碎片化的傳播，讓時間碎片化，也讓生命碎片化。如果沒有堅定的信念，很容易被不斷湧來的碎片帶走，隨波逐流，找不到安身立命的所在。

何去何從？玄奘之路的意義就在於，以此爲契機，認識到這一理想蘊含的價值，認識到傳承智慧文化的價值，並將這種認識落實到行動，造就健康的精神和高尚的人格。如此，我們才能讓這條地理的路線通往心靈，改變人生方向。

當我們走上戈壁，在茫茫天地間，會眞切感受到人的渺小。在地球上，人是微不足道的；在太陽系，地球是微不足道的；在銀河系，太陽是微不足道的；在宇宙中，銀河系也是微不足道的……如果看不到生命的無限性，僅僅著眼於今生這短短的幾十年，實在看不到人生有多大的價値，哪怕整個地球的財富都屬於你，也是微不足道的。

人爲什麼活著？生命的歸宿在哪裡？這是每個生命都要面對的永恆困惑。可能我們現在忙於事業，還沒來得及思考，但這些問題不會因爲我們忽略而消失。事實上，如果不找到答案，人生永遠是渾渾沌沌的，而且會有層出不窮的問題，一旦解決了大問題，所有的小問題就不是問題了。

當我們開始關注這些終極問題，如果沒有佛法智慧的引導，是很難靠理性找到答案的。事實上，不少有思想的哲學家和藝術家，就是在這樣的找尋中走上了絕路，因爲他們看到了現實的荒謬，卻看不到人生的眞諦。

所以說，玄奘之路最大的意義，是爲我們開啓了一條精神追求之路。爲了參加玄奘之路，很多人堅持鍛煉，不畏艱辛。之所以能這樣，是因爲我們認知到這麼做的意義。那麼，我們是否看到玄奘心路的意義？這取決於我們對生命的追問，對永恆價值的思考。如果不能提升到這個層面來認識，雖然走在玄奘路上，其實走的還是自己的路。

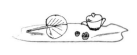

玄奘之路的口號是「理想、行動、堅持」，玄奘心路的精神是「無我、利他、覺醒」，其中蘊含著佛法的智慧和修行核心。我們都知道道路在腳下，但從佛法角度來說，人生的道路是在心中。在我們的內心，無時無刻有各種念頭、想法、情緒此起彼伏，我們當下的存在，我們的人格、能力、習慣，正是由這些心理活動長期積累而成。進一步的，還會決定生命的未來走向。

我們希望生命更美好，就要瞭解哪些心理是有價值的，是值得發展的。做爲企業家，我們都關心企業的發展，但有沒有想過生命的發展？有沒有意識到，生命的發展也需要規劃？從某種意義上說，生命也是產品，由不同的心理構成。發展正向心理，將造就健康的人格，反之則會造就不良的人格。所以說，生命發展就取決於我們對心念的選擇。

當年佛陀在菩提樹下發現，每個生命都有自我拯救的能力，這種能力來自覺醒的心，也是生命的無盡寶藏。但無始以來的輪迴中，我們卻不斷地發展貪瞋癡，並形成強大的積累，使生命隨業流轉。只有開發內在的覺醒力量，才能改變這種不能自主的被動狀態，把握未來的方向。

這次活動就是在我們內心播下覺醒的種子。如果大家認識到這麼做對生命的意義，想讓玄奘心路延伸爲自己的人生道路，僅僅學兩天是不夠的，回去後還要組織讀書會，形成修學的氛圍，否則很快就會回到原有的習慣和心態中。希望這一次是良好的開始，也希望來自各個商學院的戈友們，把玄奘心路的精神傳遞給更多的人，讓大家知道，這才是玄奘西行的價值所在，是我們需要效仿和學習的根本所在。

佛教中有無盡燈的法門，當我們點亮自己的心燈時，還要幫助大眾點亮內在的智慧明燈。如果只是一盞燈，一陣風吹來，很容易被吹滅；如果四周都是燈，當你的燈

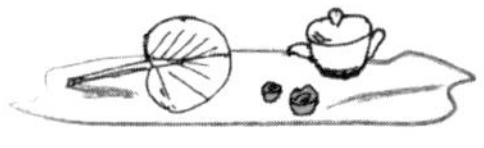

被吹滅了，很快會有其他的燈把你點亮，燈燈相傳，光光互映。這就是自覺覺他的修行，從自己走向覺醒，到幫助更多人走向覺醒，實現人生的最高價值。願每個戈友都能成爲玄奘心路的點燈者，讓世界充滿光明和希望。

結語

最後，隨喜大家的行動。透過這樣的行走，我們不僅要在戈壁灘上體會求法之路的艱難，從而磨礪意志，重點是要瞭解玄奘的精神內涵是什麼——他爲什麼能精進好學，爲什麼能爲法忘軀，爲什麼能淡泊名利，爲什麼能臨危不懼，爲什麼能無我利他？進而還要瞭解，玄奘西行求法的意義在哪裡？這樣一種文化傳承對我們每個人，乃至整個人類，究竟具有多大的意義？

如果看不到其中的精神和意義，那麼，玄奘對我們的價值，可能只是一個旅行者，一個探險家；又或者，只是一個中外文化交流的使者。如果僅僅看到這些，我們就錯失了眞正的寶藏。茫茫戈壁，天闊地遠，這一路，放下我們在世間的身分地位和人事紛擾，才會發現，其實這是一次心靈之旅，是走向內心、追問生命眞諦的旅程。正是這些內涵和象徵，使得這條路被傳頌千年，至今仍在激勵著我們，對於每一個想要追求眞理的人來說，都應該效仿這樣的人生道路。

希望每一位已經上路的行者，都能以玄奘爲榜樣，以他的精神激勵自己。路漫漫，不懼上下求索；行萬難，不退求道之心。

6

濟群法師談「玄奘之路」

—— 2017 年 5 月，講於酒泉。

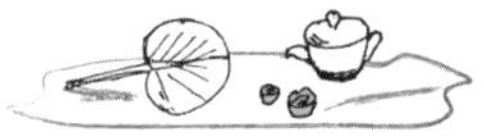

戈壁灘，驕陽似火，而比驕陽更火熱的是這樣一群人。二〇一七年五月二十二日，甘肅省酒泉市瓜州縣，歷經千年風霜的阿育王寺遺址旁，來自國內外五十七所商學院的二千五百多名隊員，正在集合、留影、熱身。獵獵旌旗，伴隨著各隊此起彼伏的口號聲，讓荒涼的戈壁達到沸點。上午十一點，「第十二屆玄奘之路商學院戈壁挑戰賽」正式開始。這是自二〇〇六年開始以來，規模最大、人數最多的一次。

在沸騰的活動現場不遠處，是僅剩覆缽式塔身的夯土古塔，靜默著，依稀可見盛時莊嚴。據記載，此塔當年時常放光，佛事未絕。一千三百多年前，玄奘三藏從長安來到瓜州，曾在此講經說法一月有餘，然後才開始艱苦卓絕的五萬里西行。從這裡出發，追隨玄奘的足跡，對於佛弟子來說，意義不同尋常。

今年「玄奘之路」的隊伍中，一襲灰袍的濟群法師尤爲引人注目。在主辦方官網的活動報導中，關於法師的配圖說明是：「快靠近濟群法師，迅速補充正能量。」整個行程中，不斷有人微笑點讚，有人要求合影，有人主動爲這支小隊扛起「三級修學」的綠色旗幟，其他隊伍的對講機中還曾傳來這樣的號令：「下一個小目標是接近法師，與法師同行」……當然也有好奇的目光：他是誰？他來做什麼？路遇來自臺灣的視訊採訪小組，問題居然是：「您爲什麼這麼裝扮？」

是啊，尖頂竹笠，墨染僧裝，在這些滿是鮮豔戶外裝備的隊伍中，仿佛穿越時光走來，又仿佛某個歷史時刻的重現。但這不是裝扮，而是一個出家人的本色，行走紅塵，又超然世外。

一路走來，法師有些什麼感受？遭遇了些什麼？是大家最爲關心的。帶著這些問題，記者安隱採訪了濟群法師。

緣起

問：「玄奘之路」雖是以西行求法的唐代高僧命名，但主要對象爲各大商學院學員，法師怎麼會參與其中呢？

濟群法師（以下簡稱濟）：「玄奘之路商學院戈壁挑戰賽」源於二〇〇六年央視策劃的大型文化考察活動「重走玄奘路」，當時就曾邀請我參加，只是由於身體等原

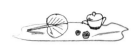

因未能成行，但在我心中留下了一顆種子。可以說，是身未至而心嚮往之。主要有這幾個原因：

首先，我長期從事唯識研究，修學並講解過玄奘三藏翻譯的經論，一直以來，對他有份特別的情感。漢傳佛教八宗之一的唯識宗，就是由玄奘歸國譯經後創立的，可惜傳了不久就湮沒不聞。雖然民國後有復興之勢，但總體並不樂觀，事實上，唯識宗從妄心著手的分析和修行理路，特別適合現代學人，希望未來有因緣繼續推動，使他歷經萬難傳入的教法得以光大。

其次，在幾十年弘法過程中接觸到各界人士，使我越來越體會到大眾對佛法的需求，以及佛法對社會的價值。由此，也對玄奘三藏西行求法的意義有了更多認識。如果沒有這些古德捨身忘死，求法弘法，佛法怎麼能從印度傳到各地，二千多年來薪火相續，利益無量眾生？

第三，我近年時常對企業界和各商學院舉辦講座，和戈友有過不少接觸，並多次爲他們開講「玄奘的精神」。在此過程中，我深深感到，瞭解並效仿玄奘精神，不僅是戈友們的需要，更是佛弟子的需要。如果加上實地體驗，相信有些感受會更眞切，並成爲修行動力。

所以，今年應廈門大學管理學院EMBA戶外俱樂部之邀，參加「戈12」C隊的一日體驗行，可謂眾緣和合，水到渠成。在此，特別感謝他們提供的各種支援。

理想、行動、堅持

問：玄奘之路的口號是「理想、行動、堅持」，您怎麼看待這六個字？

濟：我覺得，這六個字確實能體現這一活動的精神。問題就在於比較抽象、比較寬泛，可以這樣理解，也可以那樣理解。比如理想，在挑戰賽的四天，理想可能是得到名次，可能是按時跑到終點，也可能是最終沒有放棄。而在我們的人生中，理想更是形形色色，從獨善其身到兼善天下，每個人有各自的理想，哪怕是同一個人，在不同階段，理想也在不斷改變。

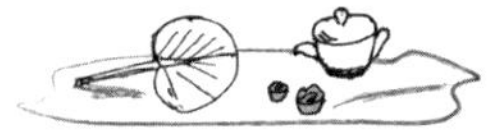

戈友中有很多成功的企業家，相信他們的成就都離不開理想，離不開對理想的踐行和堅持。但理想不同，行動和堅持帶來的意義也大相徑庭。在玄奘之路，同樣如此。

在和戈友們的接觸中，我瞭解到，有些人透過參與這個活動，開始從辦公室走向戶外，身體得到鍛煉的同時，也帶來了更健康的生活方式；有些人在西北廣袤的戈壁中，視野變得開闊，心胸變得豁達，對名利得失沒那麼執著了；有些人在戈友會營造的團隊氛圍中，正能量得到激發，變得更有愛心和互助精神；也有些人行走在茫茫天地間，感受到人類的渺小，今生的短暫，由此引發對生命終極問題的思考。

我覺得，這些對人生都有不同程度的正向作用，但隨著這一活動競技性的升級，有人開始把理想鎖定爲名次，把戈壁變成與商場角逐平行的另一個戰場，這就有點捨本逐末了，應該不是舉辦「玄奘之路」的初衷。

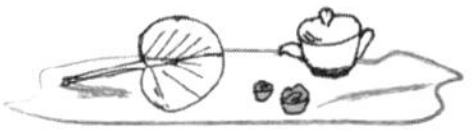

讓心跟上腳步

問：說到初衷，在這次活動中，時常可見「不忘初心」的巨幅宣傳海報，法師您覺得，這個「心」究竟是什麼？

濟：在這條路上，跑或走不重要，用多少時間到達也不重要。重要的是，讓心跟上腳步。而這個心，應該是正確的，至少是沒有副作用的發心。什麼是正確發心？只有眞正認識玄奘之路的內涵，才能與這位一千多年前的智者心心相印。

我覺得，玄奘之路在今天已經分成兩條，一條是看得見的地理之路，即玄奘西行的路線；一條是看不見的心靈之路，這就需要與玄奘精神一脈相承，以玄奘的理想爲自己的理想。雖然今天不再需要萬里跋涉地求法，但在人生路上，學佛路上，我們需要走過的長路何止千萬里？需要面對的磨難又何止千萬重？

現在有越來越多的人開始走上玄奘之路，而且一走再走。但多數人走的，只是地理上的那條路，雖然也有意義，但如果我們進一步瞭解玄奘的「理想、行動、堅持」，身心合一地出發，才能走上完整的玄奘之路。

玄奘三藏捨命西行，正是對理想的踐行，如果我們對他的理想一無所知，即使走完四天的賽事路線，哪怕走完玄奘當年的全程，也只是自己的路，只是與地理上的玄奘之路重合而已。古往今來，這條路上曾有無數的商隊和旅人走過，爲什麼當它做爲「玄奘之路」時，才讓人心生嚮往？因爲眞正具有感召力的，不是路本身，而是玄奘的理想，以及對理想的行動和堅持。

玄奘理想的普世性

問：那麼，玄奘的理想和精神是什麼？爲什麼具有那麼大的感召力？

濟：我曾多次開講「玄奘的精神」，相關音檔影片已上傳網站，包括這次出征前講的，也會很快上線。此外，還有根據講座錄音整理的同名書籍，其中將《大唐大慈恩寺三藏法師傳》的部分內容做了整理，附錄於不同章節，做爲解讀玄奘精神的歷史佐證。

講座中，我歸納了玄奘理想蘊含的四大意義，分別是文化傳承的意義、精神追求的意義、探究生命眞相的意義、降魔成道的意義，這些正是玄奘西行的理想所繫。我們知道，玄奘是因爲對部分舊譯經典存疑，才萌生求法之心。爲什麼一些疑問就能使他置生死於度外，歷萬難而不退？因爲這不是普通的問題，而是關係到佛法智慧的傳承，關係到對人類永恆困惑的解決，對生命終極意義的實現。

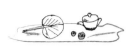

西哲云：未經思考的人生不值一過。事實上，這個思考還缺少一個定語，那就是「正確」的思考。怎樣才能正確思考？離不開智慧的引導。因爲有佛陀這樣的覺者出現，有一代代高僧大德捨身求法，忘我傳法，這一甚深智慧才流傳至今，使人們在解決生存和生活問題的同時，有更高的精神追求，能探究生命眞相，降伏身心魔障，造就高尙的生命品質。

這個理想之所以有感召力，因爲它不僅是玄奘個人的理想，也是每個佛弟子的理想，更應該成爲全人類的理想。人之所以爲萬物之靈，在於我們有機會實現生命的最大價値，玄奘少年出家時，就以「遠紹如來，近光遺法」爲己任，所以他不是爲了自己上路的，而是爲了天下眾生西行求法，東歸譯經。

因爲這樣的理想，才落實爲他的行動和堅持，體現在精進好學的精神、爲法忘軀的精神、淡泊名利的精神、臨危不懼的精神、無我利他的精神。從《大唐大慈恩寺三藏法師傳》中可以看到，玄奘三藏一生精進好學，遍訪明師；修學遇到疑惑時，決不安於現狀，而是效仿先賢：「昔法顯、智嚴亦一時之士，皆能求法導利群生，豈可高跡無追，清風絕後。大丈夫會當繼之。」於是冒著被遣送的危險，私出國境；渡過八百里沙漠，九死一生；遇到任何險境都不退轉，立誓「寧可就西而死，決不歸東而生」。在國內外獲得巨大榮譽後，淡然處之，一心譯經，不被名利左右。他的心中只有法的傳承和傳播，只有眾生的利益，沒有自己。

戈友中有不少是企業家，他們能獲得某種成功，正是因爲比普通人更有行動力，更能堅持。但這種行動和堅持能給自己的人生帶來什麼？給他人和世界帶來什麼？其關鍵在於，被什麼樣的理想所引導。所以對這個群體來說，樹立高尚的理想特別重要，瞭解玄奘的理想，可以幫助我們重新審視並提升自己的理想；瞭解玄奘爲實現理想所展現的崇高精神和堅韌毅力，見賢思齊，有助於我們更好地實

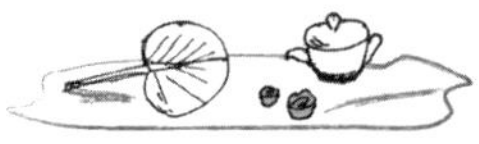

現理想。

玄奘之路，是追求理想之路，實踐理想之路，它不僅是地理上的路線，更是文化傳承之路，是探究生命和世界眞相之路，是降魔成道之路。我們唯有認識到其中的精神內涵，才能正確認識玄奘之路對人類的巨大價值。

問：爲什麼求法那麼重要呢？或者說，如果沒有佛法，人生會缺少些什麼？

濟：人其實是文化的產品，所以文化傳承意義重大。有句話叫作「思想的高度決定行動的高度」，我們在做人做事的過程中，是立足於一件事，立足於整個人生，還是立足於過去、現在、未來的生命長河？這就決定了我們會度過什麼樣的人生。很多人都立足於一件事，比如做企業的只關心企業，不關心做人；只追求企業的成功，不追求做人的成功。儒家雖然重視做人，但只關心今生這個片段；而佛法不僅關注今生，也關注未來生命的走向，關注盡未來際的利益。

如果沒有佛法，我們將看不清生命眞相，無法解除生命永恆的困惑；如果沒有佛法，我們將無法了悟心性，建立高尚的精神追求；如果沒有佛法，我們將無法降伏內心魔障，造就聖賢品質；如果沒有佛法，我們想過得幸福都不容易，因爲內心的迷惑煩惱會不斷製造痛苦，帶來麻煩。唯有看清這些問題，我們才能眞正認識到佛法的重要，認識到傳承智慧文化對人類的價值。因爲法的重要，玄奘求法的理想才如此重要。

西行路上憶古德

問：關於玄奘的求法，文學作品和民間傳說往往將之說成「西天取經」。「西天」二字，既代表方位，也代表出世，更意味著這是一條障礙重重、難於上青天的路，法師走的時候有什麼體會？

濟：我們只參與了一小段，不到六十里，相比之下，玄奘的五萬里行程幾乎有千倍之多。從困難程度來說，更是不可同日而語，我們不必冒著被遣送的危險，有充足的水源供給和後勤保障，有大部隊和GPS（全球定位系統）引領，沒有迷路的困擾，更沒有性命之憂。但即使在這麼好的條件下，行走戈壁也是一種挑戰。

在烈日炙烤下，地表溫度超過四十度，上無飛鳥，下無走獸，復無水草。舉目四顧，只有一望無垠的戈壁，四處飛卷的風沙。此情此景，想到玄奘三藏所說的「是時顧影唯一，但念觀音菩薩及《般若心經》」，才全身心地感受到，他對理想的堅持是多麼不易，多麼值得我們景仰、學習和效仿。「紙上得來終覺淺，絕知此事要躬行」，誠然如是。

問：在行程過半，到達第二補給站時，法師的身體有點狀況，主辦方的醫生曾勸您返回，爲什麼您選擇繼續堅持？

濟：走在這條路上，想到古德爲了傳播佛法萬里跋涉，不論是到印度取經者，還是由印度來華傳法者，都曾這樣不顧安危，不惜生命，從內心油然生起神聖之感。同時，也感到一份沉甸甸的責任和使命。從佛陀開始，一代代高僧大德把正法傳到今天，我們又該怎樣來傳承法，踐行法，弘揚法？

中途的時候，因爲心臟有些不適，所以被醫生勸返過。但我想到古德的精神，想到我們這代人的責任，覺得應該堅持下來。更何況，這段路比起玄奘當年，實在算不了什麼。我想，可以走慢一點，也可以晚到一點，終歸是能走到的。

講到玄奘理想的時候，有「降魔成道的意義」。這個魔，包括外在的環境，內在的心魔，也包括色身的五蘊魔，克服這個障礙，同樣是修行路上的功課。其實對我來說，走多少不重要，重要的是帶著什麼樣的心來走。所以，我不是爲了路程在堅持，而是爲了精神在堅持。

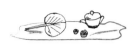

玄奘之路對教界的意義

問：從法師開示的玄奘精神來看，「玄奘之路」本該是佛弟子追隨古德、效仿先賢的修行路，您覺得它對今天的佛教界有什麼意義？

濟：近年來，「玄奘之路」的熱度一路攀升，側面反映了社會對精神層面的需求。尤其在物質生活水準大幅提高的今天，人們的精神世界顯得格外疲軟和匱乏，佛教界也是社會的折射。我覺得，當今教界特別缺少古德這種「荷擔如來家業」的精神，缺少積極濟世的大乘菩薩道精神。

科技的發展，使聞法變得前所未有的便捷，但我們並沒有因此學得更好，反而對法習以爲常，麻木無感，好像這只是鋪天蓋地的資訊中的一種知識而已。古德曾告誡世人：「莫將容易得，便作等閒看。」事實上，我們對法有多少珍惜，有多少信心，於法才能有多少受用。

二千五百多年前，釋迦牟尼佛爲眾生找到覺醒之道。其後，歷代高僧大德爲法忘軀，將這一智慧傳承至今。做爲今天的佛弟子，我們如何克服對法的漠然，生起虔敬的求法之心？體驗玄奘的求法之路，應該是較爲有效的方法之一。在嚴酷的環境下，透過一步步跋涉，一次次追問，走近古德的理想，效仿古德的行動和堅持，可以引導我們重新認識法的價值。

魯迅先生曾經說過：「中華民族自古以來就有埋頭苦幹的人，有拚命硬幹的人，有捨身求法的人……他們是中國的脊樑。」我想，玄奘精神也應該成爲佛教界的脊樑。如果我們有這樣的擔當，何愁正法不興？

玄奘之路對社會的意義

問：對於非佛教徒來說，「玄奘之路」的意義是什麼呢？

濟：前面講過，這項活動帶給每個參與者不同程度的改變，本身就很有意義。如果再賦予玄奘的精神內涵，對社會的意義就更大了。

現在政府提倡文化強國，提倡文化自信。怎麼自信？就是要認識到自家現有的寶藏。在儒釋道文化中，佛教雖然是外來文化，但傳入中國已二千多年，影響著中

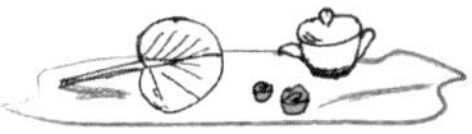

國文化乃至國人生活的方方面面，並在許多方面彌補了儒家文化的不足。這一點，我在很多文章中都有過闡述。

當我們看到佛教在東西方文化中的價值，必然能對此具足自信。比如敦煌，每年都吸引世界各地的朝聖者和觀光客，這一文化的源頭就是佛教，可以說沒有佛教信仰，就沒有莫高窟的輝煌。做爲展現信仰的載體，莫高窟以不同時代的造像風格，見證了佛教中國化的歷程，也見證了千餘年來藝術風格的演變，是閃耀在世界藝術寶庫的璀璨明珠。如果我們因爲經濟富強而自信，只是暴發戶式的自大，文化上的自信，才能帶給我們眞正的、無須包裝的自信。

此外，我們更要認識到佛教文化的獨特性，認識到佛教和其他宗教、哲學的不共之處。佛法自古就被稱爲「心學」，是引導人們瞭解、調整、提升心性的智慧，是解決生命永恆困惑的指南，是令凡夫改造生命乃至成聖成賢的途徑，有理論，有實踐，而這正是其他文化的薄弱之處。

玄奘之路的意義，在於玄奘的理想，而這個理想，直接關係到國人的精神建設，這是當今世界最爲需要的。沒有健康的心智，物質越豐富，資源的消耗就越多；科技越發達，潛在的危險就越多，那麼，人類終將走上一條自我毀滅的不歸路。希望人們透過玄奘之路，瞭解玄奘精神，接觸正信佛法，進而聞法修行，提升生命品質，這才是究竟的意義所在。

一路上，「三級修學」的旗幟在天地間飄揚，爲蒼茫戈壁畫出希望的綠色。願這抹綠色乘風而行，給喧囂紅塵帶去更多清涼。

當晚九點，法師一行到達首日終點破城子，十個小時的跋涉暫時結束。沒有其他隊伍中常見的歡呼，因爲我們知道，追隨玄奘足跡，是爲了追隨善知識，追隨佛陀，這條路，沒有終點！

7

緬懷玄奘精神，荷擔如來家業

—— 2017 年 5 月，講於敦煌。

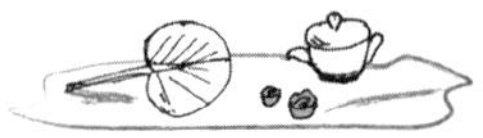

我是初次來到敦煌，但之前就對這裡有一份情感，一份嚮往。我想，這也是很多佛弟子共同的感受。因爲敦煌不僅有莫高窟這樣聞名世界的佛教藝術寶庫，還有法顯、玄奘等西行求法者留下的足跡，是我們禮敬佛陀、緬懷古德的朝聖之地。從另一個角度看，敦煌又是絲綢之路的中心，是東西方文明的交匯處，正如學者季羨林所說：「世界上歷史悠久、地域廣闊、自成體系、影響深遠的文化體系只有四個：中國、印度、希臘、伊斯蘭，再沒有第五個。而這四個文化體系匯流的地方只有一個，就是中國的敦煌和新疆地區，再沒有第二個。」

帶著朝聖的心來到這裡，確實有一種穿越歷史、追隨古德的神聖感。

緬懷先賢求法的精神

近年來，我時常應邀爲戈友們開講「玄奘的精神」。這一次，也是因爲戈友會發起的「玄奘之路」來到這裡，我們將從瓜州阿育王寺開始，沿著玄奘三藏當年西行的路線，體驗一天的戈壁行。

敦煌是佛教從印度傳入中國的重鎮，也是古德西行求法的要道。在這條路上留下足跡的，除了法顯、玄奘等流芳千古的高僧，還有更多不為人知的先賢，他們中的很多人，甚至沒能到達目的地。義淨三藏有詩云：「晉宋齊梁唐代間，高僧求法離長安。去人成百歸無十，後者安知前者難。遠路碧天唯冷結，砂河遮日力疲殫。後賢如未諳斯旨，往往將經容易看。」雖然義淨三藏本人是由海路前往印度的，但從詩中的「離長安」、「砂河遮日」來看，應該是描繪由絲綢之路前往印度的艱難。

因為路途漫長而艱險，最終到達印度並東歸譯經的成功者寥寥無幾。但每一位上路的先賢，他們明知前路險惡仍毅然西行的選擇，他們為追求真理不惜生命的精神，特別值得今天的佛弟子思考、景仰和效仿。因為他們的前仆後繼，薪火相傳，才使佛教由印度傳到亞洲各國，以及今天的世界各地，流傳二千多年，利益無量眾生。

我們對佛法智慧的認識越深，越會由衷緬懷這些西行求法的先賢。他們的選擇，值得我們思考；他們的理想，值得我們景仰；他們的精神，值得我們效仿。雖然今天的佛弟子不需要像他們那樣萬里跋涉，但在「上求佛道、下化眾生」的道路上，我們同樣要面對無數的挑戰和障礙。因爲在今天這個資訊爆炸、誘惑重重的環境下，修行比任何一個時代更艱難，特別需要這種勇往直前不退轉、不達目的不甘休的精神。

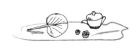

認識佛法在當代的價值

在二十多年的弘法過程中，我接觸過很多高校、商學院和各領域的從業者，看到大眾對佛法的需求日益普遍。從上世紀八〇年代宗教政策恢復以來，可以說，我親眼見證了這一變化，尤其是近十年來，這種需求不僅在擴大，而且開始有了深度。人們不再滿足於簡單的求求拜拜，還會進一步思考人生，追問生命的意義。

今天，雖然物質和科技文明高度發達，但人類自身的問題越來越多，對自我的迷失越來越深，內心的煩惱痛苦越來越重，甚至生態環境也越來越惡劣。如何從根本上解決這些困境？離不開佛法。因爲世界的一切問題，無非是人的問題；人的問題，無非是心的問題。而對心的認識和調整，正是佛法智慧的強項，也是它和西方文化的不共所在，在這樣的大背景下，更突顯了佛法對世界的價值。

現在政府開始重視國學，因爲一個強國的崛起，除了經濟繁榮，也離不開文化建設。說到中國傳統文化，春秋戰國時雖有諸子百家，但之後主要是儒釋道三家。其中，佛教雖然屬於外來文化，但在中國已有二千多年歷史，和本土文化水乳交融，對哲學、文學、藝術等領域有著深遠影響，並從道德、民俗、語言等方面滲透於民眾生活中。更重要的是，它能彌補儒家文化的不足。

儒家思想重視現世，避談生死，對心性的認識也較爲薄弱，而佛教的輪迴思想和心性理論，正是最好的補充。輪迴思想讓我們看到，生命不僅有今生，還有無盡的過去，並將延續到無限的未來，這是引導我們從更高的角度看待生命，做出選擇。否則，今生不過短短幾十年，稍縱即逝，如果把握不住當下這個改變命運的機會，一息不來，又會去向哪裡？

而心性理論讓我們對生命的認識更有深度。佛法自古以來就被稱爲心學，從心理健康到人文建設，從心性修養到明心見性，都離不開對心的瞭解。心性理論之所以具有指導意義，因爲它不是來自玄想，而是佛陀透過禪修親證的，也是歷代祖師大德依

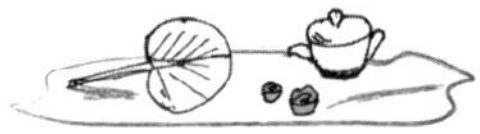

法修行證悟的。如果缺乏這一智慧，人類對自身的瞭解就會流於表面，是難以深入的。

從這兩點來看，佛法不僅可以彌補中國本土文化的不足，也可彌補西方文化的不足，因爲西方文化對輪迴和心性同樣陌生，對自我和世界眞相的認識同樣薄弱。西方哲學主要透過理性認識世界，但自康德開始就已看到，理性是無法通達世界本質的，因爲對眞相的認識，取決於我們的認識能力，這種能力來自生命本具的無限智慧。佛教所說的明心見性，就是對這一智慧的開顯，這不是僅靠理性思惟就可達成的。

所以佛教在重視理性、強調正見、正思惟的前提下，還有修證的部分，即透過禪修開發覺性，這樣才能看清萬物眞相。僅僅借助理性觀察世界，就像以有限認識無限那樣，永遠不可能窮盡。一旦通達覺性，才能了知世間眞相，因爲心的本質，就是世界的本質。

認識到佛法智慧的殊勝和獨特性，自然能對中國文化建立自信，也會更加緬懷古德，正是他們的爲法忘軀，我們今天才有機會學習並傳承這一智慧，這個認識越深刻，對古德的求法精神就會越珍惜。不僅要珍惜，更要以行動傳承這份寶貴的文化遺產，在點亮自己心燈的同時，點亮千萬眾生的心燈，光光互映，讓世界充滿光明。

瞭解修學存在的問題

點亮心燈並不是容易的事。二千五百年前，佛陀在菩提樹下夜睹明星，明心見性，發現一切眾生都具有佛性，這是佛陀對世界最大的貢獻，因爲他爲我們指出了自救之道，給生命帶來了希望。

西方宗教認爲，人是沒有自救能力的，必須透過對神的祈禱，依靠神的拯救。而佛陀透過修行發現，世上並沒有萬能的神，相反的，每個人都有覺悟潛質，都能成佛。這個發現，佛陀稱之爲「古仙人道」——就像在原始森林中找到一條出路，而且是過去諸佛走過的。

爲什麼說在原始森林中？因爲凡夫的生命充滿迷惑和煩惱。我們平時關心最多的，主要是有限性的問題，比如家庭、感情、財富、人際關係等，還有綿綿不絕的顚倒妄想。但要知道，眞正決定生命層次的，是關於無限性的問題，比如「我是誰？生從何來死往何去？活著的意義是什麼？世界的眞相是什麼？」如果不關心這些，或找不到答案，人生必然是被動而非主動的選擇。哲學和宗教的出現，正是爲了解決這些終極問題。

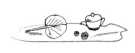

在點亮心燈之前，我們都處在無明之中，什麼也看不清。因爲看不清，就會引發錯誤認識，對自己產生我執，對世界產生法執，進而製造無盡煩惱。帶著這些煩惱去看世界、看人生，又會導致更大的誤解、更多的煩惱，生命就在惑、業、苦的輪迴中流轉，找不到出路。是佛陀的發現讓我們知道，在漫漫長夜中，還有覺性之光，而且這是眾生本自具足的，不假外求。

佛陀發現這條道路後，說法四十五年，施設種種法門。其後，歷代祖師續佛慧命，將這些教法一代代傳承下來。遺憾的是，這條路在今天又變得撲朔迷離，模糊不清。

一方面，資訊高度發達，使人們有更多機會閱讀經典，學習法義。但與此對應的，則是明眼師長難值難遇，如果沒有善知識的有效引導，資訊太多，反而會造成干擾，讓人目迷五色。很多人也在讀經，也在禪修，也在學戒，也做各種弘法事業，但這和走向解脫有什麼關係？依然是模糊的。

另一方面，物質空前繁榮，誘惑時時處處，引發的妄想也越來越多。在生活相對單純的過去，我們還有時間靜下心來面對自己。而現在，我們的心每天都被碎片化的資訊充斥，沒有一刻安寧。在這樣混亂浮躁的心田，佛法是很難生根發芽的。

近年來，我一直在思考現代人學佛存在的問題，比如我們學了很多道理，究竟怎麼落實到生命中，做到知行合一，而不是說食數寶？其次，漢傳佛教屬於大乘，但多數人並沒有發起菩提心，踐行慈悲利他的精神，反而讓大眾覺得學佛是悲觀消極的，對社會沒有作用。其三，我們雖然皈依了，成爲佛弟子，但內心對三寶的信仰並沒有與日俱增，原因到底在哪裡？解決這些問題的關鍵，是找到有效的修學方法。

找到有效修學的方法

佛教從西漢哀帝元壽元年傳入中國，在南北朝至隋唐時期走向鼎盛，宋元明清後又一路衰落，所以我們今天傳承的佛教，除優良傳統外，也夾雜著陳規陋習，這是我們需要反省的。

同時還要看清方向，在菩提路上穩步前行，而不是例行公事般地做很多事，卻對修行目標不明確、不清晰。二〇〇五年，我在《佛法修學次第的思考》中提出修學五大要素，即皈依、發心、戒律、正見、止觀。佛法雖然博大精深，有南傳、漢傳、藏傳三大語系，有天台、華嚴、唯識等諸多宗派，但離不開共同的基礎。

此外，漢傳佛教的健康發展需要加強六種建設，即人生佛教的建設、信仰建設、大乘精神建設、修學次第建設、教制建設和大乘解脫道建設。在這些思考基礎上，我設立了三級修學體系，旨在爲大眾提供有次第、有氛圍、有引導的修學模式。以下，簡要介紹其中幾點：

第一是人生佛教建設，幫助我們將所學佛法匯歸到現實人生。佛陀爲什麼要說

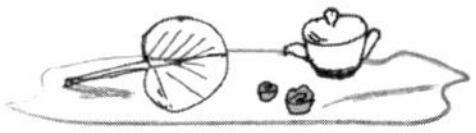

法？是因爲眾生有問題、有迷惑、有煩惱。所以佛法的中心不是經典，而是一切眾生，是引導我們認識自己，解決迷惑煩惱。正如祖師所說：「佛說一切法，爲度一切心。若無一切心，何用一切法？」如果眾生沒有問題，佛陀就不需要施設八萬四千法門了，這就需要把所學佛法和人生掛鉤，透過樹立正見、調整心態來提升生命品質。

第二是信仰建設，強化三寶在心中的分量和地位。爲此，我專門寫了《皈依修學手冊》，爲大家說明皈依的意義和學處，並編有《皈依共修儀軌》，提倡把修習皈依做爲日常定課。我們皈依三寶，首先要對佛法僧有全面的認識，知道三寶對我們而言意味著什麼，進而如法宣誓，獲得皈依體，這是走上菩提道的開始，也是繼續前行的動力。此後，還要不斷地鞏固。藏傳和南傳非常重視皈依修習，漢傳佛教雖將此納入早晚功課，但總體重視不夠，這是很多人道心退失的主要原因。

皈依不僅是一次儀式，也不是階段性的修習內容，而要日日修，年年修。我們由皈依走入佛門，確立以三寶爲究竟歸宿，進而透過對佛法僧的憶念和學習，最終於自身成就三寶品質。可以說，整個學佛都沒有離開皈依，是從皈依住持三寶到開發自性三寶的過程。

此外，戒律非常重要，可以幫助我們建立清淨健康的生活，這是學佛不可或缺的基礎，也是正順解脫之本，無上菩提之本。現代人爲什麼如此浮躁？就是因爲生活太混亂了，沒規律也沒節制，在這樣的狀態下，內心是無法安定的，更不可能產生智慧。戒定慧三學，是由戒生定，由定發慧，首先依戒律如法生活，然後以禪修安頓身心。當身安心定，就能像水清月現那樣，使智慧光明顯現出來。

有了以上這些基礎後，修行到底要修什麼呢？學佛的最終目標，是成就佛菩薩的品質，那就是大智慧和大慈悲，整個修行都應該圍繞這兩個目標。我們瞭解緣起因果，瞭解無自性空或諸法唯識，目的是具備聞思正見，然後透過止觀禪修，將之轉化爲心行正見，圓滿智慧的修行。在漢傳佛教的修行中，禪宗起點太高，而教下的理論過於複雜，所以對今天的人來說，特別需要借助有效的方法，抓住核心，次第而行。

另一方面，還要重視慈悲的修行。漢傳佛教是大乘，要發揚積極濟世的菩薩道精神。爲什麼觀音菩薩在中國家喻戶曉？就是因爲菩薩心懷慈悲，尋聲救苦，令眾生遠離痛苦，獲得快樂。儒家講仁者愛人，基督教講博愛，而佛教所說的大慈大悲更廣大、更深刻，蘊含的智慧更高深，這是我們需要學習和落實的。但現在人對觀音的信仰很片面，多數是把觀音菩薩當作保護神，從來沒有想著將其當作學習榜樣，最終成就觀音菩薩那樣的品格。之所以這樣，就是因爲對菩提心認識不足。

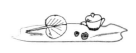

菩提心是大乘佛法的核心，也是學佛者口中經常出現的詞彙，但往往只是停留在口頭。什麼是菩提心？就是在內心眞正生起「我要幫助一切眾生離苦得樂，走向生命覺醒」的願望。修學上路之後，我們會發現，如果不走向覺醒，生命將落入無盡的迷惑和煩惱，是沒有出路的，當我們獲得這種定解，必然會生起眞切的菩提心。佛菩薩過去也和我們一樣，是從凡夫開始修行的，「彼是丈夫我亦爾」，我們要相信佛陀的教導，相信自己也能透過修行，圓滿佛菩薩那樣的悲智品質。

怎樣讓菩提心發得更眞切，更有效？漢傳佛教中，不少人喜歡受菩薩戒，以爲這代表著一種資格。但由於認識不足，很多人雖然受了菩薩戒，卻沒有發起菩提心，也沒有進一步修習慈悲，是名不副實的「菩薩」。而在印度和西藏的傳統中，則是先受菩提心戒，在十方三寶的證明下，確立自利利他的願望；生起願菩提心之後，再進一步受持菩薩戒，將願心落實到行動中，廣行六度，修種種利他善行，爲行菩提心。

在發菩提心、行菩薩行的過程中，因爲我們的心行基礎是凡夫心，有貪有瞋有癡，不能平等地接納一切人，慈悲一切人。這就需要進一步學習正見，並透過禪修實踐，最終通達空性，成就勝義菩提心。至此，我們才能像觀音菩薩那樣，對一切眾生具足無緣大慈，同體大悲。從本質上說，我們和六道眾生是一體的，和十方諸佛菩薩是一體的，和宇宙萬物也是一體的，體證到心的這個層面，才能圓滿無限的慈悲。

在修學過程中，我們還要定期檢驗修學成果，看看自己的慈悲有沒有增長，智慧有沒有增長，煩惱有沒有減少？如果慈悲和智慧沒有增長，煩惱沒有減少，那就白學了，最多是種種善根而已，是沒有力量的。增長悲智，減少煩惱，既是佛法對人類的價值，也是檢驗學佛效果的堅實標準。

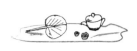

結語

瞭解到佛法的價值，我們要發心傳承這盞智慧之燈，讓它照亮世界，驅散迷惑、煩惱、仇恨、惱害等負面心理。尤其在今天這個時代，科技使人類的破壞力日益增強，怎樣化解這些潛在危機？同樣離不開佛法。只有健全的人格、健康的心態，才能使科技文明得到妥善使用，否則很可能使世界危機四伏，同時讓自己在物欲中隨波逐流，不能自主。

當我們的生命改變了，世界才會改變；當我們的內心和諧了，世界才會和諧；當我們的內心光明了，世界才會充滿光明。玄奘三藏從小就發願「遠紹如來，近光遺法」，我們也要以此做爲自己的願力，傳承佛法，自覺覺他。如果今天的佛子都能具有這樣的情懷，不僅是佛法之幸，也是眾生之幸、世界之幸。

8

覺醒的藝術

—— 2017 年暮春，講於上海「廂」。

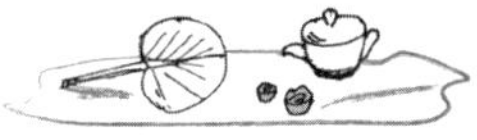

今天的因緣很特殊，這處叫作「廂」的場地即將拆除，設計師希望爲藝術界的朋友辦場活動做爲紀念，並邀請我舉辦一場講座。從佛法來說，這是無常的示現，因此，我將主題定爲「覺醒的藝術」。

無常是佛教的重要法義，爲「三法印」之一，所謂「三法印」，即簡別是否佛法的三大特徵。一是諸行無常，說明一切有爲現象是無常變化的，破除我們對恆常的認定；二是諸法無我，否定凡夫對自己的錯誤認知，引導我們認識自己，找回自己；三是涅槃寂靜，徹底平息內心的迷惑、煩惱，回歸生命內在的寂靜安樂，也就是覺醒。

覺醒，離不開對無常、無我的認知，所以這個因緣本身也在說法，是萬物在說無常法。雖然世間剎那生滅，遷流不定，但我們感覺遲鈍，且總在選擇性地忽略，還是會無常執常，無我執我。藉由這座美妙建築的即將消失，讓人產生無常的幻滅感，相信對每個人都有觸動。

佛教與藝術

今天的主題涉及佛教和藝術，二者都是人類重要的精神活動，關係密切，彼此成就。

無相和有相

雖說佛法是無我無相的，但爲了「令十方瞻仰慈容者，皆大歡喜，信受皈依，廣種善根，潛消惡念」，從印度到中國，乃至佛法所至的世界各地，都出現了大量造像。所以，佛教歷來就與藝術有著不解之緣，如果說藝術是佛教傳播的重要助緣，那麼佛教也使藝術得到了極大發展。

因爲信仰的需求，印度出現了阿育王石柱、桑奇大塔、菩提伽耶、阿旃陀石窟等集雕塑、建築於一身的藝術珍藏。而佛教傳入中國後，信眾爲表達虔誠紛紛造像，從早期的克孜爾、炳靈寺等石窟，到此後的敦煌、雲岡、龍門、麥積山等，造型經歷本土化的演變，地域更是橫貫東西、縱穿南北，它們既是佛教史的重要組成，也是藝術

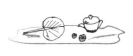

史的輝煌篇章。很難想像，如果沒有佛教，我們今天的藝術史會是怎樣。

除了造像，爲使廣大信眾理解佛教法義，大量經變圖應運而生。所謂經變圖，就是將抽象的經文以圖像方式呈現，如《西方淨土變》《彌勒經變》《法華經變》《維摩經變》《涅槃經變》《藥師經變》《觀音經變》等，這種寓教於形的生動展現，不僅以壁畫形式出現在佛窟、寺院，還被繪製成各種長卷。它們在弘揚佛法的同時，也成爲珍貴的藝術遺產，被各大博物館珍藏。

此外，爲抄寫佛經留下了大量書法作品，有著名書家的墨寶，也有無名信眾的手跡。而中國傳世的古建築中，塔寺等佛教建築在數量和品質上都占有絕對優勢。可以說，它們都是佛教傳承中留下的副產品，我們在繼承這些文化遺產時，也要瞭解它們出現的淵源，瞭解有形之物背後的精神內涵。

以意境為先導

除了直接服務實質的佛教藝術外，佛法的思想內涵，也對中國傳統藝術產生了全面影響。對重寫意而輕寫實、重表現而輕再現的中國畫來說，作者有什麼心境，對世界有什麼認識，都會不同程度地體現在作品中，故有畫品即人品之說。這個人品不僅指道德修養，更包括眼光和境界，正因爲如此，古人才會格外推崇文人畫，強調作品的立意和神韻，而不以形似和技巧論高下。

佛法無我無相的空性思想，可以讓人修養心性，在作品中呈現寂靜、超然的意境，被尊爲文人畫鼻祖的王維，就是虔誠的佛教徒。如果沒有這樣的精神提升，充滿世俗心和對相的執著，如何傳達空靈的境界？

此外，源於中國而盛行於日本的茶道，最初也是出自寺院。因爲與修行結合，使得這項日常行爲得以昇華，成爲以茶修身的方式、生活美學的典範，包括由此衍生的花道等，內成於心，外化於形，都是承載佛法內涵並代代傳承的文化。當這些行爲被賦予禪的意境，喝茶不再是普通的喝茶，插花不再是普通的插花，而是成爲悟道助緣，起了表法的作用，使人安住其中，收攝妄心。

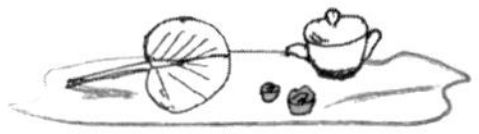

法無定法論自由

雖說佛教留下了大量文化遺產，但在全面現代化並盛行西方藝術的今天，這種古老的東方智慧還能帶給我們養分嗎？會與現代人崇尚的自由相悖嗎？

西方藝術自文藝復興後，從神本轉向人本，讚美人的價值，宣導個性解放，帶來科學、文化的全面繁榮。但隨著工業革命的到來，及一戰二戰的爆發，藝術家們發現，人性並不是那麼美好，反而存在種種問題。所謂的個性解放，在開發人類潛能的同時，也極大助長了貪婪、仇恨、對立等負面心理，帶給社會和生態環境種種問題。

在這樣的大背景下，藝術家們開始尋找新的突破，作品中出現更多的質疑和反思。相對於古典藝術，現代藝術從審美到表現方式有了極大的，可以說是顛覆性的改變。如果說傳統藝術追求的是美，那麼當代藝術更追求的是眞。而在表現手法上，做爲分水嶺的印象派出現後，野獸派、立體派、表現派、超現實主義等新興流派層出不窮，並從平面繪畫發展到裝置藝術、行爲藝術、觀念藝術等，甚至直接使用了現成品。

當創作形式被不斷突破，技巧功力也不那麼重要時，藝術不再局限於某種界限，而有了無限的可能。甚至有評論家提出，「實際上沒有藝術這種東西，只有藝術家而已」，這一觀點看似激進，卻與禪宗有某種契合。在佛教中，禪宗以法無定法、打破一切形式，有別於教下各宗的修行，比如有人問禪師「什麼是禪？」，回答往往出人意料，可能是麻三斤，是庭前柏樹子，也可能什麼都不是。爲什麼會這樣？因爲禪宗修行是直接打破能所，著力點因人而異，並不順應修學常道，才會看起來語出格外。但這種作法只有明眼人才能拿捏得當，否則就會流於狂禪和口頭禪，所以禪法不在形式，不在公案，而在禪師的證量和善巧。當代藝術也有類似特點，究竟是垃圾還是藝術，區別在於眼界。你是什麼，就能賦予作品什麼內涵。

西方文化追求自由，但總體是社會性的，如信仰自由、言論自由、環境自由、財務自由等。但在佛法看來，心的自由最爲重要。這就必須擺脫生命內在的迷惑和煩惱，如果沒有這個前提，外在自由反而會助長負面心理，使人失去約束，陷入癲狂、混亂、極端。事實上，從整個社會到藝術領域，我們都能看到這樣的亂象，自由帶來

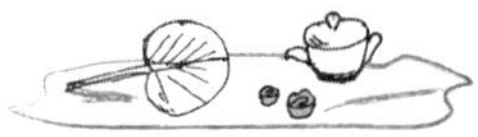

的不是自在，而是自大和自嗨，是假自由之名的爭名奪利，群魔亂舞。

覺醒藝術的提出

覺醒的藝術，正是針對這一亂象提出的，它和普通藝術的根本區別在於——把生命本身做爲創作對象。

次品還是藝術品

企業家生產產品，重視設計和做工；藝術家創作作品，重視構思和表現。我們是否想過，自己的生命也是作品，也需要規劃？它是次品、合格品還是藝術品？

我們之所以成爲今天這樣的人，是文化教育、生活習慣、社會經驗共同造就的。從小，我們受到家庭影響和學校教育，進而走入社會，爲人處世。在此過程中，觀念和身口意三業相互影響，觀念會決定行爲，行爲又會影響觀念。同時，一切的所思、所言、所行都會在內心留下紀錄，形成習慣、心態、性格，並最終成爲生命品質。

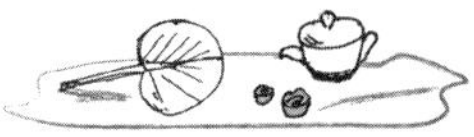

學藝術的人應該對天賦很有體會，我們之所以走上這條道路，往往是來自內心的召喚，且從小就表現出相關的愛好和能力。爲什麼會有天賦？佛法認爲，我們來到這個世界不是一張白紙，而是以過去生的積累爲起點，今生的積累又會成爲未來起點，所有努力都是功不唐捐的。如果今生從事藝術，並對這個選擇心無旁騖，樂此不疲，來生可能還會繼續，至少學起來比別人快。古人說「書到今生讀已遲」，正是說明生命的不同積累，但不論起點是什麼，關鍵還在於今生的努力。佛法重視人身，視之爲六道樞紐，就是因爲人可以透過努力改變生命積累，調整未來方向。

當我們認清構成生命的要素，確定自己想成爲什麼樣的人，就要對生命進行主動規劃，自覺管理，否則往往會被世俗同化，不知不覺地形成某些觀念，然後依此生活。如果這樣，我們的生命最多只是普通產品，還會因爲各種失誤淪爲次品。我常說，你是什麼比你擁有什麼更重要。不僅重要，而且重要百千萬倍，因爲擁有只是暫時的，而你是什麼，關係到整個一生，乃至生生世世。

從認知到創作

覺醒的藝術，是把生命當作藝術品來打造，用現在的話說，就是成爲更好的自己。但什麼才是更好的自己？是相貌美一點，心情好一點，知識多一點，還是地位高一點，財務自由一點？每個人都有自己的標準。從佛法角度來說，是取決於生命品質的提升。

這就需要有人生的大智慧，才能看清「我是誰」，瞭解人爲什麼活著，生命的意義在哪裡。否則，我們只能在迷惘中憑感覺摸索。不少藝術家雖然有了專業成就，卻無法解決生命的迷思，甚至走上絕路。因爲他們生性敏感，看到了世俗生活的荒謬，不甘於日復一日的重複，卻看不到希望所在。

如何打造覺醒的生命？和藝術創作一樣，離不開認知和創作兩方面。簡單地說，就是知道做什麼，怎麼做。西方哲學也關心人生問題，早在古希臘時期就提出「認識你自己」。但哲學是從理性認識人生和世界，是對現象的探索，即使能在邏輯上不矛盾，也缺少對本質的透徹。所以哲學關於自由、獨立、生死、終極價值、世界本質等

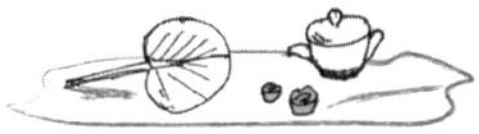

問題的思考，幾千年來不斷提出新的觀點，又不斷被質疑、被推翻。而佛法不僅重視聞思正見，更透過禪修開啓本具的無限智慧，這種解決是直接從根本悟入，而不是立足於現象。

至於創作層面，就是透過什麼手段成就，相當於藝術中的不同表現手法。在這個問題上，佛陀應機設教，針對眾生的根機差別，從各個角度予以教化，所以在不同時期留下了眾多教法，有八萬四千法門之說。以下，從唯識、中觀、禪宗三個角度做簡要介紹，這是大乘佛教的三種主要見地，也是邁向覺醒的三種途徑。

從唯識談覺醒

佛法認爲，心有眞、妄兩個層面，唯識修行是從妄心入手，對心理的分析最爲深入。玄奘三藏求法歸國後，就翻譯了大量唯識經典。

種子

在唯識思想中，將心理現象歸納爲八識、五十一心所。八識爲眼識、耳識、鼻識、舌識、身識、意識、末那識和阿賴耶識。其中，前六識屬於意識範疇，即我們可以感知的部分，而潛意識雖然感覺不到，卻時時都在產生作用。相比之下，眼耳鼻舌身的作用需要一定的外在條件，比如眼識九緣生，說明眼識必須具備九種條件才能產生。意識雖然覆蓋範圍很廣，但在昏厥等特殊時刻也是不起作用的。

而潛意識就不同了。我們爲什麼處處以自我爲中心？就是第七末那識的作用。因爲它不能正確認識第八阿賴耶識，視之爲恆常不變的實體，以此做爲「我」，當這種潛意識進入意識領域，就會本能地對自我產生執著。爲什麼末那識把阿賴耶識執以爲「我」？因爲它是生命延續的載體，雖然剎那生滅，卻相似相續、不常不斷，儲藏著我們無始以來的生命資訊。即使我們死去，並在輪迴中改變生命型態，資訊依然不會消失。

這些資訊就是唯識所說的「種子」。我們所有的言行和想法，都會在阿賴耶識播

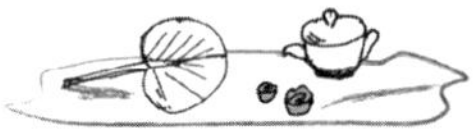

下種子，得以保存。一旦條件具備，種子就會產生活動，即「種子生現行」。但這種活動並不是簡單、機械的複製，還會介入意識活動，所以我們才能對身口意加以選擇，才有改變生命的可能。當行爲形成後，又會在內心進一步熏習種子，即「現行熏種子」。

生命延續就是「種子生現行，現行熏種子」的過程。我們所有的學習、做事，乃至藝術創作，都離不開「種子生現行」；在做的同時，相關能力會得到強化，爲「現行熏種子」。然後，我們再帶著這種能力繼續做事，又會使種子得到增長和強化。藝術工作者對這點應該深有體會：我們的技巧和眼光，就是在日復一日的練習中得到培養的。即使有天賦，也離不開今生的訓練，只是起點比別人高一些而已，但這個起點並不是天生的，只是因爲你在過去生訓練得更多，儲存的種子更多。

我們的生命同樣如此，由所思、所言、所行形成種子，什麼種子被重複得最多，什麼就會成爲生命的主導力量，還會由內而外地顯現出來。比如「相由心生」，其實就是生命積累的外化，當一個人充滿慈悲，不僅會傳達這種氣息，相關表情也會不斷重複，看起來慈眉善目。古人說「一日不讀書，塵生其中；兩日不讀書，言語乏味；三日不讀書，面目可憎」，也是這個道理。尤其是缺乏對智慧文化的學習，不僅乏味而可憎，還會因爲無明落入貪瞋癡習性，造作種種不善業。

生命是複合的存在，在五十一心所中，有遍行心所五種、別境心所五種、善心所十一種、根本煩惱六種、隨煩惱二十種和不定心所四種。其中，對人生影響較大的是善心所及煩惱心所。究竟是發展善心，還是縱容煩惱，在於自己的選擇，而選擇來自觀念。雖然每個人內心有很多負面種子，但如果我們能看清眞相，不爲其創造條件，它們就會停止發展，進一步的，可以透過修行來消除這些力量；反之，我們也能透過種子和現行的相互作用，培養良好的心態和習慣，完成生命的正向成長。

三性

除了對心理現象的剖析，唯識宗還以三性思想闡述了認識和存在、現象和本質的關係，這也是極其重要的哲學問題。唯識宗認爲，我們認識的世界包含三個層面：一

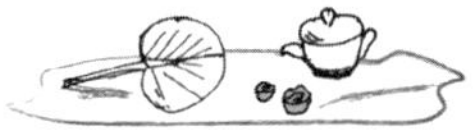

是遍計所執相，即主觀錯覺的世界，是被我們的情緒、觀念、好惡之心處理後，呈現在認識上的影像。二是依他起相，即如實顯現的世界，是因緣因果的存在。三是圓成實相，即一切現象的空性本質。

瞭解三性的目的，能使我們正確看待世界，不被我法二執左右。所謂我執，是對自我的錯誤認知和執著；所謂法執，是對現象世界的錯誤認知和執著。這些錯誤認知就是所知障，還會進一步引發煩惱障。面對同樣的問題，因爲認知不同，產生的影響大相徑庭，「天下本無事，庸人自擾之」說的就是這個道理。對於學藝術的人來說，看世界往往有獨到的眼光和感受，可以見常人之未見。爲什麼會這樣？因爲眞正產生影響的不是現象本身，而是我們對現象的認識。當然，這種獨到眼光並不是佛法所說的如實見，只是一種經過專業訓練的法執。

我們對世界的認識是智慧還是錯誤？關鍵在於對依他起相的認識，這是一個決定方向的仲介點。如果正確認識緣起，就能在現象的當下通達空性，爲當體即空；反之，就會對現象產生錯誤認知和執著，進而引發煩惱，導向生死和輪迴。關於三性的關係，唯識經典有個著名的比喻：就像有人在月光下看到繩子，將之誤以爲蛇，驚恐不已。事實上，造成驚恐的物件並不存在，只是我們附加其上的誤解，中國古代的杯弓蛇影也是說明這個道理。人生中，我們因爲誤解製造了無盡煩惱，所以要學習緣起的智慧，更要透過禪修開啓觀智，只有通達空性，才能如實了知一切，不被幻相所迷、所轉、所束縛。

轉依

唯識修行的關鍵在於轉依，這是佛教和哲學的根本區別所在。依，即生命存在的依託。凡夫的存在其實是「被存在」，是在不知不覺中被造就的，就像現在常說的「被控」，控制我們的，不是手機、遊戲、購物，而是自己培養的習性。常常在我們回過神來，才發現自己已大權旁落，成爲欲望、情緒的奴隸。

生而爲人，與動物最大的區別就在於有理智，可以主動選擇，轉變生命依託，如果放任自流，等於放棄了做人的優勢。如何透過選擇來轉變？唯識的轉依有兩種，即

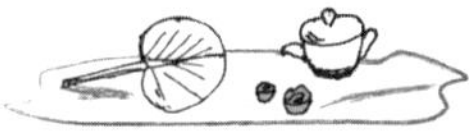

迷悟依和染淨依。

一是迷悟依。凡夫代表迷惑，佛菩薩代表覺悟，成佛就是轉迷爲悟的修行。凡夫之所以迷惑，是由無明造成的，因爲看不清生命和世界的眞相，就會迷失方向。我們一方面要看到，眾生本具覺醒潛質，在這個層面，眾生和佛菩薩是無二無別的，由此對修行生起信心。另一方面也要看到，雖然本質相同，但破迷開悟並不容易，尤其在當今社會，外在誘惑越來越多，我們的執著也越來越多，越來越找不到自己。這樣的人生會走向哪裡？迷悟依的重點，是認清生命現狀，透過有次第的修行，逐步去除迷妄，開啓覺性。

二是染淨依。染是雜染，佛法認爲生命中有三種污染源，分別是煩惱雜染、業雜染、生雜染，這是迷惑產生的心理力量，也是凡夫現前的生命系統。除此之外，生命還有清淨本質，只是被層層遮蔽，所以要學習智慧文化，樹立正確觀念，進而透過戒定慧的修行，培養健康的生活方式和行爲習慣。當雜染種子被徹底清除，清淨覺性就得以顯現。

這是唯識的認知和修行理路，也是覺醒生命的創作方式。其特點在於循序漸進，層層深入，是立足於當下的生命狀態，由迷妄轉爲覺悟，由雜染轉爲清淨。

從中觀談覺醒

中觀思想的特點在於否定，以此掃除障礙，直達本質，代表經典有我們熟悉的《心經》和《金剛經》等。

不、空、無

《心經》中，不、空、無三個字反覆出現，開篇就是「色不異空，空不異色，色即是空，空即是色」，指出現象和本質的關係，也爲我們提供了認識生命和世界的公式。其中，色代表一切物質現象；空說明這些現象是緣起的，由眾多因緣構成，本質上是無自性空的。

所謂自性，即不依賴條件產生，且獨立不變的存在。從緣起的眼光看，世間根本

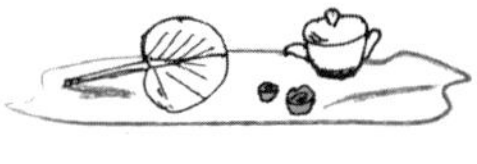

不存在這樣的現象，一切都是條件決定它的存在。比如房子、桌子乃至任何現象，只有條件具備才會出現，反之則趨敗壞，所謂「緣聚則生，緣散則滅」。離開條件和關係，房子是什麼？桌子是什麼？乃至一棵樹、一朵花，如果離開緣起，一切現象都了不可得。

接著，經中對此做了進一步闡述，說諸法空相，是「不生不滅，不垢不淨，不增不減」，說明在空性層面，是沒有差別和對待的。所以《心經》接著又說：「是故空中無色，無受想行識，無眼耳鼻舌身意，無色聲香味觸法，無眼界乃至無意識界，無無明，亦無無明盡，乃至無老死，亦無老死盡。」沒有六根，沒有六塵，沒有六識，沒有無明到老死的十二緣起，可謂一無到底。告訴我們，在空性層面是超越一切差別的，沒有生滅、垢淨和增減。

假和幻

需要注意的是，空和有並不是對立的，《心經》的「色不異空，空不異色，色即是空，空即是色」告訴我們，空和有是不二的。有是一種假相，當下就是空的。但這種空不在有以外，只是否定我們對現象產生的自性見，並不否定現象的存在，也就是佛法所說的畢竟空、宛然有。雖然本質是空的，可是現象是有的，對於這樣的顯現，佛法用了兩個經典的字來概括，一是假，一是幻。

所謂假，說明一切現象既不是眞實、恆常、不變的有，但也不是沒有。凡夫對世界的認識容易落入兩個極端：一是常見，執著它是永恆的；一是斷見，覺得它消失就徹底沒了。爲了糾正這種偏差，龍樹菩薩在《中論》指出，對現象的認識要遠離生滅、來去、一異、常斷的八不，所謂「不生亦不滅，不常亦不斷，不一亦不異，不來亦不出」。

萬物都是緣起的顯現，無所謂生，也無所謂滅。比如我們建了一座房子，是房子產生了嗎？離開構成房子的種種條件，還有沒有房子？它的產生和消失，只是條件的聚散而已。從這個意義上說，生就是不生，因爲沒什麼是無中生有的，不過是條件具足後產生的現象，當條件敗壞，房子就消失了。除了現象的顯現和消失，並沒有什麼眞正產生，也沒什麼眞正消失。包括來去的一切行爲，我們來自哪裡，去向何方？其實是四大的顯現，透過解構，根本找不到來和去的主體。

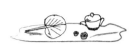

凡夫容易機械化地看世界，在緣起現象上生起常見，以爲是實實在在的有，從而心生貪著，希望占有，甚至產生永恆的期待，煩惱也就在所難免。而看到無的時候，又以爲它徹底消失了，就會擔心、害怕、沒有安全感。可見，一切煩惱都是庸人自擾。因爲對世界缺乏智慧認識，我們處處分別，執著美醜、善惡、自他、能所……其實在空性層面，一切都是條件關係的假相。只是因爲看不清，才會執著美就是美，醜就是醜，你就是你，我就是我，使人和人、人和自然、人和世界產生對立。

人類共存在這個地球，本該是和平相處的命運共同體，卻因爲我執，產生民族、國家、地區的分別。有了這些界定，就會引發衝突甚至戰爭，帶來傷害和仇恨。可以說，人類一切問題都來自我執，因爲執著，我們被卡在二元對立的世界，對所愛起貪，對非愛起瞋。如果能看清這些不過是條件假相，撤除執著，一切存在都是和諧的，本質都是空性。

所謂幻，說明一切現象都是幻化的，既不是眞實不變的有，也不是沒有，即《金剛經》所說的「一切有爲法，如夢幻泡影」。當我們具備緣起的智慧，就能擺脫現象帶來的束縛——既然都是幻相，還有必要爲它們的變化忽喜忽悲嗎？

三句式

《金剛經》每講一個問題，不論是修行，還是聖者果位、佛菩薩功德，都要加上「所謂，即非，是名」的三句式。如「莊嚴佛土者，即非莊嚴，是名莊嚴」等，既是對所說內容的總結，也是提供中觀的觀察模式，避免我們落入常見，產生恆常的執著。比如有人學佛後會執著善行，執著功德相，覺得我做了什麼好事，如何如何。其實對修行來說，這同樣會帶來掛礙，障礙對空性的證悟，所謂「金屑雖珍，在眼爲病」。

經中反覆以三句式，引導我們透過現象看本質，從而掃除執著，但又不落入斷見。比如對桌子的認識，世上本來沒有桌子，不過是一大堆非桌子的條件組合而成，

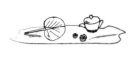

本質上是無常無自性的。但也不能說沒有，桌子的現象存在，功能也存在，所以我們給這個眾緣和合的現象安立了「桌子」的假名。

這是中觀的認知和修行理路，也是覺醒生命的創作方式。如果我們對生活中的一切都能如此觀察，知道它是幻化的假有，就能超然物外，不被任何變化所困擾。

從禪宗談覺醒

禪宗最重要的見地，是一切眾生皆有佛性，這一觀點出自《涅槃經》。前面說過，唯識是從妄心著手修行，而禪宗是直接契入眞心；中觀由否定證悟空性，而禪宗是「直指人心，見性成佛」。所以對禪宗修行來說，信心和承擔非常重要。很多人知道佛法說人生是苦，其實這只是一方面，是從凡夫的現狀而言。在這個層面，生命是以迷惑和煩惱爲基礎的，不論物質條件多好，地位多高，都是不斷製造痛苦的永動機。但禪宗告訴我們：「菩提般若之智，世人本自有之，只緣心迷，不能自悟。」在迷惑背後，還有本來具足的覺性潛質，就像烏雲下的虛空，是湛然澄澈、圓滿無缺的，所以從究竟而言，生命又是充滿光明的。那麼，禪宗是如何修行，如何改造生命的呢？

利和鈍

雖然禪宗認為眾生皆有佛性，般若之智亦無大小，但當下的根機有利鈍之別。利根就像鋒利的寶劍，能在妄念起時當機立斷，截斷眾流；而鈍根是被心垢包圍，就像又鏽又鈍的刀，必須不斷打磨，才堪起用。

《六祖壇經》中，將心喻為虛空，煩惱心垢喻為雲層，若邪見障重，「猶如大雲覆蓋於日，不得風吹，日光不現」。如何去除心垢？必須打破對能和所的執著。對凡夫來說，能是生起執著的「我」，所是執著物件，包括一切心物現象；對修行者來說，能是觀照力，所是觀照目標。如果我們不能正確認識能所，而是生起執著，生命就會卡在能所的二元對立中。至於被卡到什麼程度，是直接卡死，還是能適當活動，主要取決於執著的程度。禪宗修行所說的「驅耕夫之牛，奪饑人之食」，就是讓我們

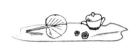

在起心動念處，打掉當下的妄想和執著，由此體悟本心。

當我們帶著迷惑和煩惱看世界，就會進一步製造迷惑和煩惱，使生命成爲迷惑和煩惱的載體。然後帶著更多的迷惑和煩惱看世界，繼續製造迷惑，製造煩惱。所以佛陀用惑、業、苦三個字，對凡夫生命做了總結——眾生因爲迷惑而造業，因爲造業而產生痛苦；然後又帶著迷惑看待痛苦，繼續造業，繼續產生痛苦。就像人拿著火把畫圈，一圈一圈，迴圈反復，最終使自己困入其中。

如何掙脫束縛？首先要以智慧看清生命現狀。如果沒有開放的胸懷，而是戴著有色眼鏡，再好的智慧進入我們的認知系統，也會面目全非，成爲「我」的認識。所以佛教不僅重視善知識，也重視弟子相。如果學人是垢器，就會使接收到的法義通通變味，改造成自己需要的味道。我們要用佛法改造生命，就必須把自己變成法器，帶著清淨心而不是我執我見聞法，這樣才能完成心相續的改造。

頓和漸

因爲眾生根機不同，所以禪宗修行有頓、漸之分。神秀的「時時勤拂拭，勿使惹塵埃」屬於漸修，是由下至上的常規道路，即使我們當下的心垢很厚，但只要不斷掃塵除垢，就會越掃越少。這一生沒修好，可以爲來生打下基礎；來生沒修好，還可以繼續，只要持之以恆，根機也是會變化的。

當然方法也很重要，將直接決定修行效率。我常說，〈普賢行願品〉是成佛的第一生產力，因爲其中的每個修行，都是以盡虛空、遍法界的無限所緣爲對象，使心恢復到虛空般的狀態，再修禮敬諸佛、供養如來乃至普皆迴向，可以迅速積累資糧。其實，這種虛空般的心才是我們的本心，只是凡夫被執著所困，將自己封閉在狹隘的二元對立中，所以在掃塵除垢的同時，更要打開心量，當心眞正打開，塵垢是無處藏身的。

頓悟的修行，就是讓我們直接認識本心。教下修行是透過聞思法義建立正見，以此指導禪修，是循序漸進的過程。而禪宗源於世尊在靈山會上的拈花微笑，由佛陀和

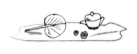

迦葉尊者的印心而傳法。爲什麼拈花也是說法？因爲對佛陀來說，身口意三業都有無窮妙用，關鍵在於你懂還是不懂。

不僅佛陀如此，對於一個明眼宗師來說，所有舉動同樣是法性的呈現，指示你由此悟入，所謂「隨拈一法，無非法界；心佛眾生，三無差別」。而當你執著現象時，就會落入塵勞妄想，去道遠矣。禪宗公案記載，趙州在天台遇到寒山，寒山指著牛腳印說：這是五百羅漢遊山留下的。趙州說：既然是羅漢，爲什麼是牛腳印？寒山說：蒼天！蒼天！趙州哈哈大笑。寒山問他笑什麼，趙州答：蒼天！蒼天！在二元對立的世界，羅漢腳印是羅漢腳印，牛腳印是牛腳印，是全然不同的；但從禪宗見地來看，這種認識已經著相了，在空性層面，羅漢腳印和牛腳印是無二無別的。

這些禪師們的對答，處處以本分事相見，只看你會不會拖泥帶水，會不會落入對待。所以禪宗的教化方式不落窠臼，著名的德山棒、臨濟喝、雲門餅、趙州茶，都是圍繞見性的隨機應變：師父和弟子的往來問答，「曾到也教吃茶去，不曾到也教吃茶去」，於一碗茶普接三根；又或者，「道得也三十棒，道不得也三十棒」，以棒打爲接引之法。這並不是祖師故弄玄虛，而是要藉此打掉你的妄想，打掉你的名言概念，打掉你對形式的執著。對禪宗祖師來說，重要的不是方式，正是打掉執著煩惱的著力點，將人從二元對立的世界解放出來，當下認清自己的本心。透過對心的認知，清洗無始以來的煩惱習性，常行正法，是名眞學。

這是禪宗的見地和修行理路，也是生命創作的獨特方式。

覺醒生命的美妙

學藝術的人會大量觀摩名作，以此提高審美力，開闊眼界。學佛同樣要瞭解佛菩薩品質，以此爲學習榜樣，常隨佛學。那麼，佛菩薩到底是什麼樣的？他們的精神特質是什麼？

佛菩薩之美

現在製作佛像的人很多，主要有兩類。普通工匠將之當作商品，造型往往流於俗

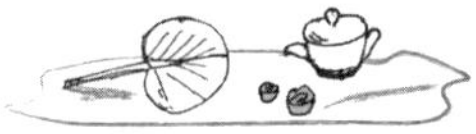

氣，即使其中的上乘之作，也不過是材質和作工精良而已，並不能體現佛菩薩的出世、寂靜和慈悲。有些甚至俗不可耐，面相連常人都不如，根本起不了化世導俗的作用。而藝術家往往將之視爲創作，所造佛像雖有一定藝術性，但只是體現作者的想法和個性，屬於借像抒情，也和佛菩薩品質相距甚遠。

我曾在〈生命的美容〉一文中說到佛菩薩的美：「他是無限的安靜，他是無限的空曠，他是無限的喜悅。」這種安靜不是沒有聲音，而是覺性傳達的力量。我們想要安靜時，會尋找沒有聲音的地方，結果常常是，外面的聲音沒了，內心依然熱鬧非凡，使我們沒能力去享受環境的安靜；而佛菩薩已平息生命內在的所有躁動，這種安靜是由內而外、無所不在的。

這種空曠不是空間上的，而是心無所住帶來的開闊。凡夫心是有住的，就會有指向，有黏著；而佛菩薩的心就像虛空一樣，雖含藏萬物，卻不著一塵。

這種喜悅不是情緒流露，而是本然如此的呈現。凡夫的笑只是一種表情，是來自某件事、某個人，是某種情緒的外化。有時還會流於躁動，如欣喜若狂、喜不自禁、歡天喜地，甚至因爲過於躁動而樂極生悲。但佛菩薩的笑是舉身微笑，是深層的喜悅，每個毛孔都散發著祥和的歡喜，使生命得到滋養。

佛菩薩的美，來自無限的智慧和慈悲，這種慈悲以法界一切眾生爲所緣，無所不包。平常人能對親朋好友慈悲就不錯了，但佛菩薩是無緣大慈，同體大悲。這種慈悲是無限平等、通天徹地的，沒有一個眾生是他不能接納的，也沒有一個眾生是他不能慈悲的。

這就是覺醒生命展現的人格特質，已經擺脫所有的迷惑、煩惱和束縛，是覺性的全然呈現，是無限的自由自在。當然，僅僅透過文字是無法表達這種特質的，需要我們在修行中去認識，去體會。

生命的創作

佛陀意爲覺者，是覺醒的典範，也是生命創作的榜樣。說到成佛，好像離我們很遙遠，其實佛陀成道時發現，一切眾生都有覺醒潛質，只需透過修行去開發。可能有

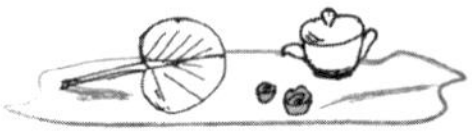

人會說，覺醒和我有什麼關係呢？其實，這取決於每個人的精神追求。就像對有些人來說，會覺得藝術是可有可無的，不能理解藝術家的不懈追求，以及從中得到的內心滿足。

豐子愷曾把人生比作三層樓，一是物質生活，二是精神生活，三是靈魂生活。普通人物質豐裕就能滿足，再有一點愛好，已屬錦上添花。藝術家站在第二層，以精神生活爲重，透過創作表達自己對世界的感受，也以此滋養自己的心靈。但對另一部分人來說，僅僅這樣還不夠，必須解決人生的終極問題，知道我是誰？活著究竟爲什麼？否則就不能安心。這就必須導向更高的目標。

各位從事藝術工作，比大眾有更多的精神追求。但如果只是停留於術的層面，不論有多大成就，只是術業有專攻而已，既不能解決內在迷惑，也不能讓生命品質得以提升。近年來，禪意設計深受歡迎，從建築、空間到生活用品，人們借助設計表達自己理解的禪意，以及內心的嚮往，給喧囂世間帶來一陣清風。但沒有安心之道的話，這種禪意往往是表面的，還是在相上做文章，是遠遠不夠的。空間簡約了，設計空靈了，心依然會躁動。

希望大家在藝術創作之外，進一步關注生命的創作，立足於這樣的追求，才能眞正實現人生價值，活得明白，活得有意義。當我們透過覺醒的藝術找到人生出路，再將這種體證融入創作，就不只是形似的禪意，而能眞正令心安住。那麼，藝術不僅是世間的事業，還可以像古人推崇的文以載道那樣，用來傳承智慧，啓發心智，成爲自己和大眾的修行助緣。

以生命的覺醒爲目標，把生命做爲創作載體，成就圓滿的智慧和慈悲，這樣的創作遠比任何藝術創作更有價值，而且是盡未來際的價值。不僅對自己有意義，也對眾生有意義，對世界有意義。

9

生命的美容

—— 2008 年冬，爲廈門東方美會員開示。

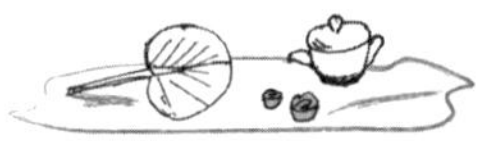

外在美和內在美

世人都很關注相貌和身體的美，其實，那種美是非常短暫的，所謂紅顏易老，青春難駐。從佛法角度來看，世間一切都是無常的。我們的一生，色身從小到大，由盛而衰，期間種種變化，就像時光的腳步，不曾少息。所以，永保青春不過是一場註定失敗的夢想，因爲那是在和自然規律抗爭。幾千年來，多少人爲駐顏有術而費盡心機，但迄今所取得的最大成功，不過是延緩衰老速度而已。

相對外在身相來說，內在美才是歷久不衰的，它不會因年齡漸增而失去，相反的，內在的美需要透過長期積累才能綻放光芒。就像璞玉那樣，經過無數次的雕琢打磨之後，方能展現它所蘊含的明潔之美，純淨之美。

這種內在美，就是人格的美、心靈的美、生命品質的美。從佛法觀點來看，內在美的至高境界就是佛菩薩。當然，佛菩薩不僅具有內在美，同時也呈現出外在的美。經典記載，佛陀具有三十二相八十種好，也就是說，身體每個部位都是圓滿而無可挑剔的。這種身相的圓滿不是靠化妝，更不是靠整形，而是由佛陀成就的無量功德所顯現，經中稱之爲「行百善乃得一妙相」，故名「百福莊嚴」。

生命美容的最高境界

當我們說到佛菩薩時，似乎感覺很遙遠，是與現實迥異的另一個時空。事實上，佛菩薩並不是身分象徵，而是代表悲、智兩種品質的圓滿。所謂智，就是解除煩惱的能力，了悟生命眞相的能力；所謂悲，就是發願幫助一切眾生解除煩惱，斷惑證眞。

很多人喜歡到寺院禮佛敬香，當我們仰望佛像時，內心往往會感受到一種異乎尋常的安寧與祥和。當然，不是所有造像都能將佛菩薩應有的意境表現出來，這不僅需要高超的技藝，更需要對佛菩薩的內涵有所領悟。

那麼，佛菩薩應該是一種什麼神情？

他是無限的安靜。這種安靜不是無聲的安靜，而是內在的安靜。仿佛靜靜的大山，靜到極致，卻仿佛有著通天徹地的聲音，有著某種難以表述的震懾力。這就是三法印所說的涅槃寂靜，它來自所有躁動平息後的內心，來自宇宙人生的最高眞實。這

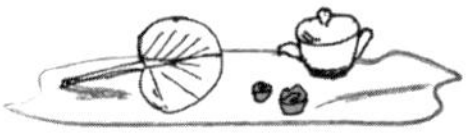

種寂靜不僅爲佛菩薩自身受用，也會使周圍的人，甚至周圍環境得到淨化。

他是無限的空曠。凡夫心的最大特點，就是浮躁而動盪，在各種變幻的妄想中不停搖擺。想靜，靜不下來；想睡，睡不踏實；想思考，無法集中精力。爲什麼？因爲內心的垃圾太多，且從未清理。這使我們根本看不清生命眞正的需要，只好用不停忙碌，用表面充實來掩蓋這種茫然。忙碌的結果，不過是繼續製造妄想，製造心靈垃圾。而佛菩薩因爲體證空性，故能照見五蘊皆空，就像烏雲散盡的虛空，澄澈明淨，纖塵不染。

他是無限的喜悅。這種喜悅並非通常所說的快樂，因爲快樂只是對痛苦的緩解，是建立在某種條件之上。當我們嘗到某種快樂並產生執著後，一旦條件改變，對快樂形成的依賴就會落空，轉而成爲痛苦。所以，世間快樂都是短暫且有副作用的。而佛菩薩的喜悅是來自生命內在，是從全身瀰漫而出的，這也就是佛經所說的「舉身微笑」。只有徹見無我的證悟者，才能使每個毛孔都洋溢著微笑，散發著喜悅。

所以說，生命美容的最高境界就是佛菩薩。學佛，就是以佛菩薩爲榜樣，不斷去除現有的不良心行，開發潛在的高尚品質。當生命不再有任何瑕疵，我們就能像佛菩薩那樣，成爲至純至眞的人，成爲至善至美的人。

善的才是美的

我們不僅要重視外在的美，更要重視心靈的美，這樣才會持久煥發光彩，因爲身心是相互依賴、相互影響的。當我們情緒低落時，身體也會變得沉重，甚至淤積爲種種病變；當我們心情飛揚時，則會覺得渾身放鬆，原有疾病也隨之減輕。所以說，生命內在的改善意義重大。那麼，我們如何來美化生命、莊嚴生命？

首先需要瞭解生命。其實，生命也是一個產品，是無明製造的產品。對這個五蘊和合的生命體來說，最本質的就是人心和人性，並顯現爲善和不善兩方面。儒家思想認爲，人可以成賢成聖，但也可以成爲衣冠禽獸。西方宗教也有類似觀點，認爲人有神性，但同時也有獸性。這都說明了人的兩面性。

佛法所做的歸納是，人有佛性，也有眾生性。佛陀在菩提樹下悟道時就發現，每個生命內在都具備與佛菩薩無二無別的潛質。所以，雖然我們現前只是充滿困惑的苦惱凡夫，但還是有希望的，只須將內在潛質開發出來，就能證佛所證。佛法說眾生平等，所謂平等，不是現象上的平等，而在於每個人都具備成佛的潛質，這也是佛教有別於其他宗教的重要特徵之一，沒有哪個宗教認爲信徒與信仰對象是平等的，可以透過修行成爲自己所信仰的對象。

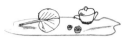

但我們也不能盲目樂觀，覺得自己寶藏在身，無須著急。要知道在這一寶藏尚未開發之前，是雖有若無，不起作用的。因爲我們的生命狀態還是凡夫，是貪瞋癡，是飲食男女，如果不利用現前人身努力修行，我們是見不到內在寶藏，更無法將之起用的。

其次還要瞭解，什麼是生命中的美和不美。這種美，其實就是佛法所說的善，反之則是不善。那麼，佛教對善與不善又是如何定義的呢？

佛教認爲，能爲我們帶來快樂結果和未來利益的行爲就是善，帶來痛苦結果和未來損害的行爲就是不善。這種因果不只是現象的，同時也發生在我們內心。當我們生起善念時，內心會充滿喜悅，並帶給自他雙方和諧與溫暖。

反之，當我們生起惡念時，就像觸動內心的一個病灶，立刻就會引發種種不良反應，使身心受到折磨，感到痛苦。或許有人會說，不是也有人以作惡爲樂嗎？那種樂，是一種畸形而非正常的快樂，是心靈的扭曲狀態。所以說，惡所招感的不僅是未來苦果，當下還會在內心製造痛苦，當它表現出來之後，又會給他人製造痛苦。

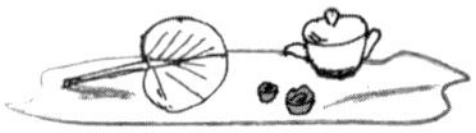

從表面看，我們似乎活在共同的世界，事實上，我們是活在各自的心靈世界。有什麼樣的心，就決定我們看到什麼樣的世界。

如果你覺得所有人都不是好人，這個念頭生起時，看每個人都會帶有敵意，都會製造對立，那是一種緊張而又壓抑的感覺。因爲你是與天下人爲敵，在這種草木皆兵的情緒中，怎麼可能開心起來？不必說所有人，即使覺得某個人不好，也會在內心打下一個心結，下次再想起此人，心結就會隨之出現，繼續糾纏著你，折磨著你。或許對方還不知道你在討厭他，可是你已被自己的瞋恨折磨得心力交瘁了。瞋恨如此，貪婪、愚癡、嫉妒莫不如此。所以說，任何負面情緒都是有百害而無一利的。

瞭解心才能管理心

每個人都有各種心理活動，時而開心，時而難過；時而興奮，時而沮喪；時而寬宏大量，時而斤斤計較；時而充滿愛心，時而冷漠無情。對有些人來說，各種心理的活動機會基本上均等，由此呈現出多樣化的性格。而對有些人來說，某種心理會特別發展，占據主導地位，使其明顯傾向於善或不善。

在這個熱鬧非凡的心靈舞台上，各種角色你方唱罷我登場，而我們卻從來搞不清，這些心理究竟如何產生？如何活動？如何過渡？因爲我們從未管理過自己的心。或許有人會覺得，這樣順其自然不也挺好，不也同樣精彩？但要知道，就像生活中隨時會製造垃圾一樣，我們的言行也會在內心留下痕跡，產生心靈垃圾。如果不加以處理，這些貪瞋癡的垃圾非但不會自行降解，還會繼續滋生新的問題。

所以說，瞭解心理的形成規律非常重要。因爲我們不是活在現實中，而是活在自己的內心世界。我們看到的一切，都已經過情緒的投射，經過想法的處理。你覺得某人好，看他什麼都順眼；覺得某人不好，看他什麼都彆扭。這種感覺或許和別人對他的評價截然相反，爲什麼？原因就在於，你看到的並非客觀上的那個人，而是你感覺中的那個人。

那麼，怎樣才能管理心靈？

我們的心就像一片田地，如果播下荊棘，就會遍佈荊棘，帶給我們痛苦；如果播

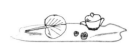

下花種，就會盛開鮮花，帶給我們快樂。所以，我們每天想什麼、做什麼非常重要，因爲這就是在心靈上播種。

我們的所思所行會有兩種結果：一是外在結果，即事情的客觀結果；一是內在結果，即起心動念所形成的心理紀錄，也就是佛法所說的種子。當這些種子遇到合適的環境，還會繼續生長、積聚力量，而在形成一定力量後，又會促使我們去重複它，並在重複過程中日漸壯大。

當某種心理發展到一定程度，就會主導整個生命。如果這種心理是負面的，我們就會成爲它的犧牲品，就像那些犯罪者，固然是傷害了他人，但他們自己何嘗不是受害者？不同的只是，他們是自身煩惱的犧牲品，是負面心理的犧牲品。此外，有些人是愛情的犧牲品，有些人是名利的犧牲品，有些人是虛榮的犧牲品，有些人是賭博的犧牲品，這種現象在生活中比比皆是。

爲什麼會產生這種現象？因爲他們從未管理過內心。最終，在不知不覺中使不良心理強壯起來，使自己淪爲傀儡。要扭轉這一局面，就必須瞭解並有效管理內心，對生命來說，沒有比這更重要的。因爲心才是和我們關係最密切的，是無從逃避也無法捨棄的。

由觀念調整心態

現代人的最大問題，就是心態不好。很多人在物質條件達到一定水準後，發現自己並未得到預期的幸福，甚至出現難以解決的心理問題。這才意識到，人生問題不是物質就能解決的，根源在於我們的心。所以，心理學開始引起社會各界的重視。

在我們的內心，除了負面心理外，還有很多良性心理，需要特別培養，這樣才能有效改善生命品質。每種行爲都會在內心留下痕跡、形成力量，這種力量又會積累爲心理習慣，久而久之，成爲我們的性格、人格乃至生命素質。但人性並不是固定的，還可以透過修行改變，否則我們就沒有希望了。

佛法認爲，世間一切都是緣起的，無常變化的，關鍵在於調整。那麼，又該怎樣調整？每個人的存在無非是觀念與心態，觀念會製造心態，心態又會影響觀念的形

成。

我們每天面對很多問題，由此對自己產生不同影響。那麼，同一件事是否會對每個人產生同樣的影響？顯然不是。因爲這種影響程度取決於每個人對問題的看法，而不是事情本身。事實上，任何事都有無限的可能性，若能正確面對，好事可以變成壞事，壞事可以變成好事。所謂「禍兮福之所倚，福兮禍之所伏」。

空性是佛教的甚深理論，告訴我們每個有限的當下都是無限。我們之所以把它看作有限，和我們的認識有關，也和我們對它的設定有關。所以，關鍵就在於怎樣看待。若從主觀情緒出發，所見都是自身的設定，就會有得失，就會有對立，進而引發不良心行。反之，若能以智慧觀照一切，當下就能超然物外，化解一切的得失和對立。

心病還須心藥醫

生命的美容，就是認識到生命存在的不同層面，然後加以改變。色身的美是以健康爲基礎，心靈也是一樣，唯有健康的心理，才能使生命煥發光彩。那麼，哪些是健康的心理，哪些又是不健康的心理呢？從佛法觀點來看，智慧能帶來健康，而無知則是不健康的。

所謂無知，並不是通常所說的沒有知識。相信在座的都有自己的專業知識，有自己的處世能力。這裡所說的，是對人類根本問題的無知。比如我是誰？我從哪裡來？又去向何方？人爲什麼活著？命運到底是怎麼回事？或許有人會覺得，爲什麼要想這些問題？不想不也同樣可以過日子嗎？

事實上，這是人類永恆的問題，只要對人生有深度思考，必定需要面對，需要找到答案。從另一方面說，所有煩惱都是由這些問題演化而來的。我們每天關注自己，覺得我在愛、我在恨、我在苦惱，把這些情緒當作生命的一部分。其實，這些情緒並不代表我，只是生命發展過程中衍生的心靈腫瘤。

沒有健康的生活方式，身體會發生病變；沒有正確的觀念和心態，內心就會煩惱叢生，鬱積成病。在物質生活水準日益提高的今天，心理疾病卻以前所未有的速度在蔓延，如抑鬱、自閉、躁狂等，這些疾病不僅干擾人們的正常生活，嚴重的話，甚至

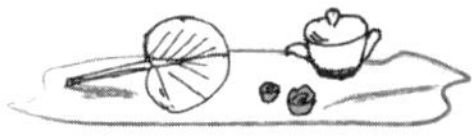

會使人走上絕路，具有極強的殺傷力。據有關統計資料顯示，抑鬱症將在本世紀成爲威脅人類生命的第二大殺手，僅在中國，抑鬱症患者已達五千萬，而全球有超過三億人正遭受這一疾病的折磨，這是多麼驚人的數字！

怎樣進行治療？這就必須從心開始，所謂心病還須心藥醫。我們要認識到，這些疾病並不是「我」，只是生命延續過程中產生的畸變。換言之，就是把疾病當作客體來觀照，而不是在乎它，跟著它跑。那麼，不良情緒就會逐漸平息。佛教的禪修，正是發揮這樣的作用。

如果把心比作舞台，各種念頭就是其中的參演者，它們在台上川流不息，交替登場。如果我們投入其中，每個角色登場時都去搖旗吶喊，就會在疲於奔命中耗盡一生。這不僅是對人身的極大浪費，更可怕的是，還會由此積累不良習性，影響未來生命。正確的態度是不迎不拒，再喜歡的念頭也不追隨，再討厭的念頭也不拒絕，當心能夠穩定安住時，念頭就會因缺乏呼應而黯然退場。否則，我們往往會被起伏的念頭所左右，繼續注入心靈能量，使之增長廣大，每一次在乎，它的力量就隨之強化，大到一定程度，我們就難以控制局面了。

因爲無明，我們會把很多不是我的東西當作我。人爲什麼會怕死？就是因爲把身體看作我，自然就會害怕「我」隨著這個身體消失。如果知道色身只是生命延續中的一個暫住地，就不會對死亡那麼恐懼，甚至聞風喪膽了。

生命就像流水，眼前這個色身，只是其中呈現的一朵浪花。浪花雖時起時滅，流水卻在繼續。認識到這個道理，色身的生老病死就不會對我們構成心理傷害了，因爲那純粹是自己嚇唬自己。如果執著其中有我，就會貪戀不捨，痛苦也在所難免。

我們最在意的，是自己的家庭、財富、事業、孩子等。之所以在意，都是因爲前面被冠以「我」的標籤，因爲有了這個設定，所以「我」的家庭就比別人優越，「我」的財富就比別人重要，「我」的事業就比別人出色，「我」的孩子就比別人特殊，於是就會出現攀比，產生競爭。因爲這種自我的重要感和優越感，又會帶來自我的主宰欲，總想支配別人，這就使人生處處面臨衝突。

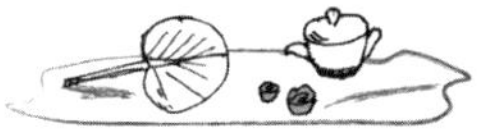

讓身和心都健康

現代人內心躁動，這種浮躁之氣不僅影響到內心，當它表現出來時，還會影響我們的外在氣質乃至相貌。一個人即使有無可挑剔的容貌，如果浮躁不安，也無法讓人產生美感。而一個容貌普通的人，如果內心寧靜，淡泊沉穩，也會散發出超然的氣質。有句話說，人是因爲可愛而美麗，不是因爲美麗而可愛，說的正是這個道理。

我們要使生命變得美好，變得莊嚴，就要從身心兩方面建立健康的生活方式：

其一，對事情看淡一點。所有煩惱都和我們的執著有關，我們在乎的事，才會對我們造成傷害。這種傷害程度又取決於我們的在乎程度，有一分在乎，就會有一分煩惱，會受到一分傷害；有十分在乎，就會產生十分煩惱，受到十分傷害。如果把我們附加在事物上的錯誤設定撤掉，就不會因執著帶來不必要的煩惱和傷害了。

其二，生活平靜而有規律，學會享受閒暇。我們總是習慣不停地忙著，一閒下來，立刻就要聊天、上網、看電視。現在的人，寧願做些自己明知無聊的事，也不願靜靜地享受閒暇。事實上，他們也沒有能力享受閒暇，因爲這顆動盪的心缺乏支撐，隨時都要尋找依靠。其實，我們的心是具足一切的，關鍵是需要去體認，禪修就是引導我們認識心的潛能，而不是一味向外尋求。

對人生來說，最重要的是具備正確觀念和良好心態，這樣才能從容面對世間種種變化，不爲順逆境界所動；更進一步，還要發心利益大眾。這樣的人生，才是美好的人生，有意義的人生。

濟群法師著作系列

修學引導叢書

《探索》
《走近佛陀》
《道次第之道》
《菩提大道——《菩提道次第略論》講記》
《菩提心與普賢行願》
《尋找心的本來》
《你也可以做菩薩——《入菩薩行論》講記》
《學著做菩薩——《瑜伽菩薩戒品》講記》
《真理與謬論——《辯中邊論》解讀》
《認識與存在——《唯識三十論》解讀》
《超越「二」的智慧——《心經》《金剛經》解讀》
《開啟內在智慧的鑰匙——《六祖壇經》解讀》

智慧人生叢書

《你也可以這樣活著》
《心，才是幸福的關鍵》

《我們誤解了這個世界》
《我們誤解了自己》
《經營企業與經營人生》
《造就美好的自己》
《走出生命的迷霧》
《禪語心燈》
《怎麼過好這生活》
《有疑惑，才能開悟》

以戒為師叢書

《認識戒律》
《戒律與佛教命脈——標宗顯德篇解讀》
《僧伽禮儀及塔像製造——僧像致敬篇解讀》
《出家剃度及沙彌生活——沙彌別行篇解讀》
《比丘資格的取得——受戒緣集篇解讀》
《僧伽的教育問題——師資相攝篇解讀》
《僧伽的自新大會——說戒正儀篇解讀》
《僧團的管理制度——僧網大綱篇解讀》
《僧伽的定期潛修——安居策修篇解讀》
《僧格的年檢——自恣宗要篇解讀》
《戒律與僧伽生活》

橡樹林文化 ❖❖ 善知識系列 ❖❖ 書目

JB0114	正念的四個練習	喜戒禪師◎著	300元
JB0115	揭開身心的奧秘：阿毗達摩怎麼說？	善戒禪師◎著	420元
JB0116	一行禪師講《阿彌陀經》	一行禪師◎著	260元
JB0117	一生吉祥的三十八個祕訣	四明智廣◎著	350元
JB0118	狂智	邱陽創巴仁波切◎著	380元
JB0119	療癒身心的十種想——兼行「止禪」與「觀禪」的實用指引，醫治無明、洞見無常的妙方	德寶法師◎著	320元
JB0120	覺醒的明光	堪祖蘇南給稱仁波切◎著	350元
JB0121	大圓滿禪定休息論	大遍智　龍欽巴尊者◎著	320元
JB0122	正念的奇蹟（電影封面紀念版）	一行禪師◎著	250元
JB0123	一行禪師　心如一畝田：唯識50頌	一行禪師◎著	360元
JB0124	一行禪師 你可以不生氣：佛陀的最佳情緒處方	一行禪師◎著	250元
JB0125	三句擊要： 以三句口訣直指大圓滿見地、觀修與行持	巴珠仁波切◎著	300元
JB0126	六妙門：禪修入門與進階	果煜法師◎著	400元
JB0127	生死的幻覺	白瑪格桑仁波切◎著	380元
JB0128	狂野的覺醒：大手印與大圓滿之旅	竹慶本樂仁波切◎著	400元
JB0129	禪修心經——萬物顯現，卻不真實存在	堪祖蘇南給稱仁波切◎著	350元
JB0130	頂果欽哲法王　上師相應法	頂果欽哲法王◎著	320元
JB0131	大手印之心：噶舉傳承上師心要教授	堪千創古仁波切◎著	500元
JB0132	平心靜氣： 達賴喇嘛講《入菩薩行論》〈安忍品〉	達賴喇嘛◎著	380元
JB0133	念住內觀：以直觀智解脫心	班迪達尊者◎著	380元
JB0134	除障積福最強大之法——山淨煙供	堪祖蘇南給稱仁波切◎著	350元
JB0135	撥雲見月：禪修與祖師悟道故事	釋悟因◎著	350元
JB0136	醫者慈悲心：對醫護者的佛法指引	確吉．尼瑪仁波切 大衛．施林醫生◎著	350元
JB0137	中陰指引——修習四中陰法教的訣竅	確吉．尼瑪仁波切◎著	350元
JB0138	佛法的喜悅之道	確吉．尼瑪仁波切◎著	350元
JB0139	當下了然智慧：無分別智禪修指南	確吉．尼瑪仁波切◎著	360元

JB0140	生命的實相—— 以四法印契入金剛乘的本覺修持	確吉．尼瑪仁波切◎著	360 元
JB0141	邱陽創巴仁波切 當野馬遇見馴師：修心與慈觀	邱陽創巴仁波切◎著	350 元
JB0142	在家居士修行之道—— 印光大師教言選講	四明智廣◎著	320 元
JB0143	光在，心自在 〈普門品〉陪您優雅穿渡生命窄門	釋悟因◎著	350 元
JB0144	刹那成佛口訣——三句擊要	堪祖蘇南給稱仁波切◎著	450 元
JB0145	進入香巴拉之門—— 時輪金剛與覺囊傳承	堪祖嘉培珞珠仁波切◎著	450 元
JB0146	（藏譯中）菩提道次第廣論： 抉擇空性見與止觀雙運篇	宗喀巴大師◎著	800 元
JB0147	業力覺醒：揪出我執和自我中心， 擺脫輪迴束縛的根源	圖丹．卻准◎著	420 元
JB0148	心經——超越的智慧	密格瑪策天喇嘛◎著	380 元
JB0149	一行禪師講《心經》	一行禪師◎著	320 元
JB0150	寂靜之聲——知念就是你的皈依	阿姜蘇美多◎著	500 元
JB0151	我真正的家，就在當下—— 一行禪師的生命故事與教導	一行禪師◎著	360 元
JB0152	達賴喇嘛講三主要道—— 宗喀巴大師的精華教授	達賴喇嘛◎著	360 元
JB0153	輪迴可有道理？—— 五十三篇菩提比丘的佛法教導	菩提比丘◎著	600 元
JB0154	一行禪師講《入出息念經》： 一呼一吸間，回到當下的自己	一行禪師◎著	350 元
JB0155	我心教言——敦珠法王的智慧心語	敦珠仁波切◎著	380 元
JB0156	朗然明性： 藏傳佛教大手印及大圓滿教法選集	蓮花生大士、伊喜．措嘉、 龍欽巴、密勒日巴、祖古．◎著 烏金仁波切等大師	400 元
JB0157	跟著菩薩發願：普賢行願品淺釋	鄔金智美堪布◎著	400 元
JB0158	一行禪師　佛雨灑下—— 禪修《八大人覺經》《吉祥經》 《蛇喻經》《中道因緣經》	一行禪師◎著	380 元

金翅鳥系列　JZ03

造就美好的自己

作　　者／濟群法師
責任編輯／胡琡珮、陳芊卉
業　　務／顏宏紋

總 編 輯／張嘉芳
出　　版／橡樹林文化
城邦文化事業股份有限公司
104 台北市民生東路二段 141 號 5 樓
電話：(02)2500-7696 #2738　傳眞：(02)2500-1951
發　　行／英屬蓋曼群島商家庭傳媒股份有限公司城邦分公司
104 台北市中山區民生東路二段 141 號 5 樓
客服服務專線：(02)25007718；25001991
24 小時傳眞專線：(02)25001990；25001991
服務時間：週一至週五上午 09:30 ～ 12:00；下午 13:30 ～ 17:00
劃撥帳號：19863813　戶名：書虫股份有限公司
讀者服務信箱：service@readingclub.com.tw
香港發行所／城邦（香港）出版集團有限公司
香港灣仔駱克道 193 號東超商業中心 1 樓
電話：(852)25086231　傳眞：(852)25789337
Email:hkcite@biznetvigator.com
馬新發行所／城邦（馬新）出版集團【Cité (M) Sdn.Bhd. (458372 U)】
41, Jalan Radin Anum, Bandar Baru Sri Petaling,
57000 Kuala Lumpur, Malaysia.
Tel:(603)90563833　Fax:(603)90576622
Email:services@cite.my

內　文／歐陽碧智
封　面／夏魚
印　刷／中原造像股份有限公司

初版一刷／ 2023 年 11 月
ISBN ／ 978-626-7219-64-5
定價／ 380 元

城邦讀書花園
www.cite.com.tw

國家圖書館出版品預行編目（CIP）資料

造就美好的自己 / 濟群法師著 . -- 初版 . -- 臺北市：橡樹林文化，城邦文化事業股份有限公司出版：英屬蓋曼群島商家庭傳媒股份有限公司城邦分公司發行，2023.11
面；　公分 . --（金翅鳥系列；JZ03）
ISBN 978-626-7219-64-5（平裝）

1. CST: 佛教修持　2.CST: 佛教說法

225.4　　112015270

橡樹林文化

讀者回函卡

感謝您對橡樹林出版社之支持，請將您的建議提供給我們參考與改進；請別忘了給我們一些鼓勵，我們會更加努力，出版好書與您結緣。

姓名：＿＿＿＿＿＿＿＿＿＿ □女 □男 生日：西元＿＿＿＿＿年

Email：＿＿＿＿＿＿＿＿＿＿＿＿＿＿＿＿＿＿＿＿

●您從何處知道此書？

□書店 □書訊 □書評 □報紙 □廣播 □網路 □廣告 DM □親友介紹

□橡樹林電子報 □其他＿＿＿＿＿＿

●您以何種方式購買本書？

□誠品書店 □誠品網路書店 □金石堂書店 □金石堂網路書店

□博客來網路書店 □其他＿＿＿＿＿＿

●您希望我們未來出版哪一種主題的書？（可複選）

□佛法生活應用 □教理 □實修法門介紹 □大師開示 □大師傳紀

□佛教圖解百科 □其他＿＿＿＿＿＿

●您對本書的建議：

＿＿＿＿＿＿＿＿＿＿＿＿＿＿＿＿＿＿＿＿

＿＿＿＿＿＿＿＿＿＿＿＿＿＿＿＿＿＿＿＿

＿＿＿＿＿＿＿＿＿＿＿＿＿＿＿＿＿＿＿＿

＿＿＿＿＿＿＿＿＿＿＿＿＿＿＿＿＿＿＿＿

＿＿＿＿＿＿＿＿＿＿＿＿＿＿＿＿＿＿＿＿

我已經完全瞭解左述內容，並同意本人資料依上述範圍內使用。

＿＿＿＿＿＿＿＿＿＿（簽名）

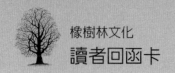